无意识的力量

[日]梯谷幸司 / 著　　卓惠娟 / 译

图书在版编目（CIP）数据

无意识的力量 /（日）梯谷幸司著；卓惠娟译. ––北京：华夏出版社有限公司，2021.9（2023.3重印）

ISBN 978-7-5222-0147-4

Ⅰ.①无… Ⅱ.①梯… ②卓… Ⅲ.①心理学 Ⅳ.①B84

中国版本图书馆CIP数据核字（2021）第135545号

"NAZEKA UMAKU IKU HITO NO SUGOI MUISHIKI" by Koji Hashigai
Copyright © 2018 Koji Hashigai
All Rights Reserved.
Original Japanese edition published by FOREST Publishing, Co., Ltd.
This Simplified Chinese Language Edition is published by arrangement with FOREST Publishing, Co., Ltd. through East West Culture & Media Co., Ltd., Tokyo

版权所有，翻印必究。
北京市版权局著作权登记号：图字01-2021-4017号

无意识的力量

著　　者	［日］梯谷幸司
译　　者	卓惠娟
责任编辑	赵　楠

出版发行	华夏出版社有限公司
经　　销	新华书店
印　　刷	三河市少明印务有限公司
装　　订	三河市少明印务有限公司
版　　次	2021年9月北京第1版　2023年3月北京第2次印刷
开　　本	880×1230　1/32开
印　　张	7
字　　数	130千字
定　　价	49.00元

华夏出版社有限公司　网址：www.hxph.com.cn　地址：北京市东直门外香河园北里4号　邮编：100028
若发现本版图书有印装质量问题，请与我社营销中心联系调换。电话：（010）64663331（转）

目录

前言　简单迈向成功的心理魔法………………………………1

01　第一章　为什么无法心想事成？
—— 原因和"后设无意识"的关联

01. 自主决定的A，以外在为标准的B，起跑前已决定了胜负 … 002
02. 自信的关键是"自觉有能感"与"自主决定感"……… 004
03. 人类意识分为"显意识""潜意识"及"后设无意识"… 008
04. "后设无意识"将成为你无形的招牌 ………………… 012
05. 解读与掌控他人的心——神奇的镜像神经元 ………… 016
06. 适者生存！基因不必最强，关键是适应了变化 ……… 020

07. 辨认你的原始过滤器，被规范紧束的心＝后设无意识 … 023
08. 成见的陷阱！"理所当然"从何而生？……………… 028
09. 成功者的"理所当然"和一般人不一样……………… 031
10. 彻底去除"受某种无形力量驱使"的前提…………… 034
11. 心想事成的绊脚石——无意识选择"伪装的自我"而生存… 037

02 第二章 了解自我"无意识习性"的十四种类型

01. 了解自我"无意识习性"的方法 ………………………… 046
02. 类型① 主体性【主体行动型・反映分析型】………… 049
03. 类型② 动机方向【目的导向型・问题回避型】……… 050
04. 类型③ 愉悦的判断标准【他人标准型・自我标准型】… 053
05. 类型④ 思考方向【过去标准型・未来标准型】……… 057
06. 类型⑤ 动机的选择理由【程序型・选项型】………… 060
07. 类型⑥ 重视的行动价值【做人型・做事型】………… 062
08. 类型⑦ 目的焦点【目的标准型・体验标准型】……… 065

09. 类型⑧ 实际责任者是谁【归咎他人型·自我究责型】… 069

10. 类型⑨ 理解事物的方式【悲观标准型·乐观标准型】… 072

11. 类型⑩ 下判断时的心理状态【分离体验型·实际体验型】075

12. 类型⑪ 行动的决定前提【义务型·欲求型】………… 078

13. 类型⑫ 自我认知 【限制的自我型·绝对的自我型】… 082

14. 类型⑬ 目标投入程度【结果期待型·结果行动型】…… 084

15. 类型⑭ 人生的根本欲求【生存欲求型·目的欲求型】… 086

03 第三章 一流精英的高效心智训练
——重新改写"后设无意识"

01. 和"莫名××"的五感情报息息相关的词汇，会改变现实
　　…………………………………………………………… 092

02. 成功脑的后设程序类型 ………………………………… 094

03. 心想事成者的十四种成功脑类型 ……………………… 096

04. 贫困脑和致富脑的差异 ………………………………… 103

05. 致富脑会彻底厘清"拒绝清单" ……………………… 105

06. 想跨入高收入阶层，就要彻底以自己为标准来思考 …… 108

04 第四章 随心所欲地控制潜意识的方法

01. 创造"金钱能由自己控制"的前提 …………… 112
02. 让大脑有效掌握愿望的六个步骤 …………… 116
03. 如果让意识方向一致,就能产生意想不到的爆发力 …… 123
04. 错误"信念"形成的过程 ………………………… 134
05. 负面思考策略:把一切变成"预料之内" …… 137
06. 潜意识会用快捷方式实现你的想法 …………… 141
07. 遵守和潜意识的约定 …………………………… 144
08. 重写记忆 ………………………………………… 147
09. 小心半吊子的心理疗法 ………………………… 151
10. 致富脑秘诀:设定高效回报的价值标准 ……… 154
11. "自信、感觉都操之在己" …………………… 157
12. 要实现愿望就把"加油""努力""以……为目标"当禁忌 …………………………………………… 160
13. 心想事成的咒语——辞藻和魔法是同样的东西 …… 162
14. 洞悉对方的脑内策略,就能主宰局势 ………… 164
15. 不知不觉改变他人后设无意识的话术 ………… 167

05　第五章　控制你人生的"语言行为"和"思维模式"

01. 编辑以自己为名的辞典 …………………………………… 172
02. "时间就是金钱"的真意 …………………………………… 178
03. 让收入翻倍的魔法：反向利用界限设定 ………………… 183
04. 正念疗法的盲点 …………………………………………… 189
05. 抑郁症也有可能更快痊愈 ………………………………… 192
06. 把健康的前提变成现实 …………………………………… 195
07. 你吃的是食物，还是食物的相关信息？ ………………… 197
08. 小心衣服与化妆品带来的前提信息 ……………………… 199
09. 想象你就是成功者，改变穿着和经常光顾的店铺 ……… 201

结语　无意识制胜，任何人都能使用的心理武器 …………… 206

简单迈向成功的心理魔法

首先,感谢你阅读本书。

这本书是为了那些在面对人生的一切局面时,总是"莫名地事与愿违"的人,而介绍的一套心理技巧和方法。

"事业发展遇到瓶颈……"

"年收入无法增加……"

"恋爱不顺、婚姻关系不如意……"

"对健康状况感到焦虑不安……"

"没有足够的财富……"

这些烦恼乍看之下似乎毫无关联。

但是，实际上可能都出自相同的原因。

本书将为你解开其中的秘密！

你的身边是否有这样的人？无论是工作、金钱、恋爱，或是个人生活管理，在任何领域上都"莫名一帆风顺的人"。

毫不迟疑地一路昂首阔步在人生大道上的他们，和一路走在平凡无奇人生大道上的我们，究竟在什么地方有差距呢？

答案就在"后设[1]无意识"。

或许你曾听过这样的论点——人类心理存在着我们无法觉察的"无意识[2]（潜意识）"，虽然不容易被个体察觉，但对人生却能造成重大的关键影响。

我在本书中要详细解说的"后设无意识"，则是在更深层。后设无意识，形成你思考的根本基础，形塑你说出的话语、做出的行动，进而影响你的人生。

"后设无意识"也就是所谓的"无意识的习性"。因为并非表层意识，所以不容易掌控，也不易觉察。不过，我们依然可

---

1. 后设（meta），对事物的理解有不同的逻辑层次，意指较高的或超越的。
2. 日文中的无意识（unconscious），一般为了避免与医学上的无意识混淆，通常译为潜意识。但作者特别在括号里标示"潜意识"（subconscious），根据正文第 9 页的说明，作者认为无意识有别于潜意识。

以由外在的行为逆推，了解自己无意识的习性，并通过这样的方式，匡正无意识的习性，让生活获得全新的改变。

我从事顾问、心智教练、心理辅导师、心理训练师等工作已经超过三十年。一开始是我参与了自我启发训练"EST"（Erhard Seminars Training），这是由维尔纳·汉斯·艾哈德（Werner Hans Erhard）创设的课程，据说连约翰·列侬（John Lennon）及美国卡特总统（Jimmy Carter）都深受影响。之后，我主要运用NLP（神经语言程序学，Neuro-Linguistic Programming），以及将NLP发扬光大的"语言行为量表"（LAB Profile）技术和知识，在各种研讨会与学习培训中不断发展与实践。

过去，我作为心智教练、心理辅导人员，协助各种客户解决了形形色色的烦恼；作为顾问，提供经营层面的咨询当然是主要业务，同时我也聆听了不少经营者个人生活方面或健康方面的烦恼。现在，东京大学的研究所也出于对这套系统的共鸣而开始着手研究，成为我这套心理学理论的强力佐证。

在协助超过四万八千人获得成功的过程中，我清楚地了解了一件事。

那就是——事与愿违往往源自两个要素。

一是"并未以真正的自己而活着"，二是"无法跟随外界状况，弹性地调整自我情感或行为"。

而想要解决"事情无法顺利进行"这个问题，关键就在于

"后设无意识"。后设无意识是人类存在的**前提**，它就像是一个容器，造型因人而异，收纳着生活中所发生的一切。容器的形状不同，对现实情况的解读也会跟着转变，大脑反应亦随之变化，进而产生行动上的转变，最后导致不同的人生。

多数人很难改变现实生活中所发生的事，但是改变收纳现实的容器（后设无意识），会使我们对现实的看法或解读产生变化，这就容易多了。

后设无意识虽然属于自我难以觉察的领域，但我们仍有可能通过各种不同方式存取、改写后设无意识。

"活出真正的自己"，以及"跟随外界状况，弹性地调整自我情感或行为"，只要结合这两者的能量，并明确"人生要为了什么而活"，专注在确定的方向上，便可发挥无可限量的爆发力。

我在处女作《逃离虚假的自己》一书中，以"活出真正的自己"为主题进行了充分阐述，有兴趣的读者不妨参考。

本书则以"跟随外界状况，弹性地调整自我情感或行为的方法"为主题，完整地介绍了通过转换语言与行为模式，改写后设无意识类型的方法。

不论事业、健康，还是人生目标的实现，都取决于你拥有什么样的"后设无意识"。若是能驾驭后设无意识，不论财富、事业、个人生活，都能让你获得超出期望的满意成果。

靠着胜负输赢或耍小聪明,来开拓业务或经营事业的时代已经结束了。

　　正因为我熟知后设无意识的存在,所以我更相信任何人都能发挥自己的本质,如愿以偿地开创未来的道路。

　　即使一开始觉得不适应,但只要一边阅读一边尝试实践,相信你必定能有深切的感受。

　　那么,接下来就让我们共同探索后设无意识的世界吧!

01
第 一 章

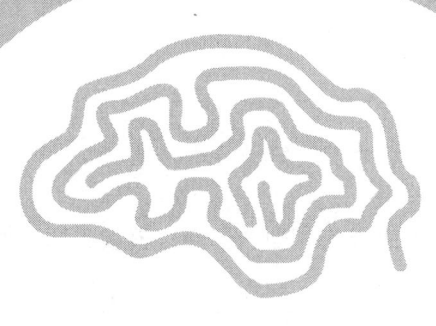

为什么无法心想事成？
——原因和"后设无意识"的关联

 **自主决定的 A，以外在为标准的 B，起跑前已决定了胜负**

　　A 君和 B 君拥有极为相似的经历，就读于同一所初中，升学到同样有名的明星高中，同样从一流大学毕业，同样进入一流的公司上班。

　　A 君成为社会人士后，在工作上大显身手；B 君则因为得了抑郁症而辞去工作。学历相同的两个人，究竟在什么地方产生了差异呢？

　　我向两人提出了同一个问题。
　　"你为什么选择读这所高中呢？"

　　A 君回答："我将来想做这方面的工作，因此想进这样的企业；如果要进入这样的企业，读这所大学比较有利。所以我就选择了这所高中。"

B君则回答:"我妈要我读这所高中,学校的老师也认为我读这里比较合适。"

A君因为有想做的事,因此自主决定了自己想读的学校。

这个倾向就称为**内在标准**。

相对地,B君并没有特别想做的事,升学或就业等关键选择都以母亲及学校决定的标准为主。这就称为**外在标准**。

拥有内在标准的A君进了社会能一展所长,实现自己的目标;执行外在标准的B君却遭到社会的淘汰。

02 自信的关键是"自觉有能感"与"自主决定感"

自信，必须建立在**自觉有能感**上。所谓自觉有能感，是指付诸行动，达成目标，因而产生"我做得到"的自信。不过，光是这样还不够。

进入公司后，大家都有自己的事要忙碌，难免在工作上会有发生疏失的时候。

"部长，工作出错了！我该怎么做？"
"这点小事自己想一想！"

类似这样的对话在公司里可说是见怪不怪。

前面提到的 A 君，因为成长历程是建立在内在标准上的，所以遇到问题时，懂得自主思考。

"知道了。我会想办法解决。"

长此以往，A 君就这样慢慢锻炼出韧性。

反之，行为以外在标准为主的 B 君，只要没有收到他人的指示，就无所适从。

"怎么办……"

B 君面对情况不知所措，于是再度发生问题。

"部长一定又会叫我自己想一想，前辈看起来也似乎很忙……我该怎么办才好呢……"

一再重复这样的状况，使得 B 君逐渐丧失自信，最后陷入抑郁。

要有自信，不能欠缺的是**自主决定感**，即个体能清楚地感受到自己拥有决定事情的自主权。

然后，当"自觉有能感"及"自主决定感"合而为一时，我们才能建立自信。单凭"自觉有能感"，无法建立自信。

◉ 后设无意识是人生的判断标准

A君能自主决定要做什么,并进一步达成,所以能产生自信。

B君则是习惯于听从旁人提出的建议,自主决定感始终不足,且饱受伴随而来的困扰,例如,"这样的人生只是实现母亲的愿望,并非实现我自身的愿望""这不是真正的我,而是虚伪的我",这使得"没有自信""不知道想做的事情是什么"的想法时时纠缠着B君,导致其人生就此停滞不前。

要是B君能够在更早的阶段养成内在标准,或许他的前途发展就会截然不同。

就像这样,人们依据各种不同的判断标准,无意识地决定日常生活中的琐事。而这些决定间接左右了事业、健康问题等人生的命运。我把这种无意识判断标准,称为"后设无意识"。

图1 内在标准与外在标准

 **03　人类意识分为"显意识""潜意识"及"后设无意识"**

从心理学来说,人先从五种感官获得信息,然后形成无意识,其次是潜意识,最后才出现显意识。

① **显意识**

最表层的是显意识,它指人通过理性思考而使用意识,如出现在日常生活中的对话、思考、计算等活动,是我们容易察觉的领域。

② **潜意识**

再往里面一层的潜意识,属于我们无法感知的领域,是睡梦中、无我状态或放空时活跃的意识,对显意识有很大的影响。

然而,多年以来我始终有个疑问。

"那么,究竟是什么使潜意识形成根深蒂固的情感、信念以及思考呢?"

后来终于发现,潜意识里面还有好几层,能对潜意识产生影响,那就是无意识。

● 收纳潜意识的容器正是"后设无意识"

再深入探索无意识,则有**五感信息**。

所谓的五感信息,是指通过视觉、听觉、触觉、嗅觉、味觉,把外部环境信息以"莫名"的感觉保存下来,未经过整理的原始信息。

无意识和潜意识很容易被混淆,其实两者并不一样。

因此,我把"无意识"加上"meta"这个具有"超越"意义的词缀,将之命名为"后设无意识",和潜意识加以区别。

后设无意识有如一个收纳潜意识的容器。

根据容器的不同,外观也有所变化。

把可口可乐装在普通的杯子里,看起来就是杯子的形状,但若是放入米奇形状的杯子,外观看起来就会是米奇。

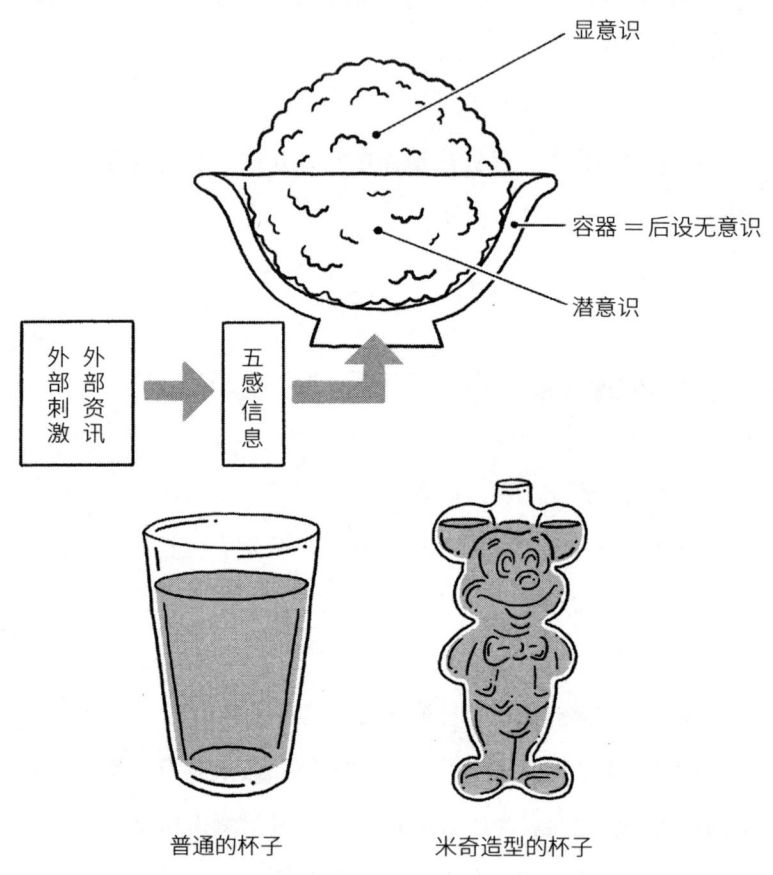

即使内容相同，外观看起来也不同

图 2　人类的意识分层与后设无意识

即使装进去的内容物相同，但只要容器不同，看起来就会不一样。

正是这个容器（后设无意识），创造出各种你在人生中面对不同现实情况时所产生的思想前提（形、器）。

04 "后设无意识"将成为你无形的招牌

其实每个人都背着一块"我是这样的人"的无形招牌,而这个无形招牌实际上会影响到个人的现实生活。

虽然我这么说,但或许有人觉得无法置信。

◉ 某个心灵咨询工作者的案例

我以研讨会的形式举办"语言的秘密"(Secret slight of language)活动,提供给社会大众有关人际关系辅导或经营技巧的课程。课程费用并不便宜,我刻意设定昂贵的价格,是因为希望参加者都是真心决定改变自己的人。

最近有位心灵咨询工作者来参加。当时他每个月的营业额是20万日元左右,在业界属于常见的、业务状况不佳的情况。

他抱着让业务起死回生的一丝希望，带着他手上仅有的钱来参加我的课程。

顺利结业的他，立刻运用网站的直播系统，推出线上单次两小时付费五万日元的项目。

结果一天就有八十人参加，创造出高达四百万日元的营业额。

他的项目内容，只是背对着一面墙，平淡无奇地讲述有关心灵的内容，并没有什么特殊的地方。

那么，他究竟做了什么而成功吸引到一群人呢？

◉ 一改变"前提"，现实就随之转变！

这名心灵咨询工作者原本就有健康问题，常咳嗽得很严重。然而，他的咳嗽其实是来自有话想说却没说出口的生理反应。

因此我便问他：

"你是不是有不曾对人说出口的事情？"

回溯记忆的结果，他浮现出他与母亲的关系，想起"童年时希望获得更多母爱却没有如愿"。

然后他花了三十年的时间才察觉，"自己有多么渴望引起母亲关注"。

"我以前怎么会这么傻呢?明明都已经老大不小了。"

经过这样的回顾,他不再追求博取母亲的关注,开始察觉自己内心真正的渴望——"希望世人认同我身为心灵导师的价值",并开始采取行动。

因为产生了新的意识而切换了行动前提,这使得其重新举办的在线课程大为成功,后续他接着在东京、大阪、福冈举办心灵咨询的说明会,也创造了参加者多达数十人的佳绩。

图 3　改变自己的前提

他原本是偶然产生想从事心灵咨询工作的想法，但过去他背后的无形招牌始终是"为了引起母亲关注"。

发现这件事以后，他就把招牌换成"我要以世人为对象"。

他只是发现后设无意识应该聚焦在什么地方，然后进行了改变而已。

像这样，改变自己的思想前提和背景，就能令接受者的印象焕然一新。即使当事人并没有意识到转变，实际上，转变已经开始了。这正是后设无意识有趣的地方，大脑会以符合后设无意识的形状进行加工，使想象成真。

05 解读与掌控他人的心——神奇的镜像神经元

◉ 安倍首相宣布解散众议院,其背景正是后设无意识

2017年,日本首相安倍晋三第三次改组内阁,宣布解散众议院。当时因为日本政府被质疑贱卖国有土地,以及防卫省涉嫌掩盖陆上自卫队内部记录南苏丹局势的日报材料、从南苏丹撤回维和部队等诸多问题使得日本政府支持度下降,日本与朝鲜之间的关系也持续紧张,社会舆论充满了为什么选择在此刻进行选举的疑问。

在这时候,安倍首相站上官邸讲台,以坚定不移的口气宣布,"这次的解散,是为了突破国难而解散"。当天的记者会,背景是深蓝色的天鹅绒幕布。

正是因为这样稳重的背景,安倍首相的发言让人觉得可以

信任。

如果当时用秋叶原女仆咖啡厅正在服务客人的照片作为背景，安倍站在前面说"这次的解散，是为了突破国难而解散"，情况将会怎么样呢？想必任何人都会存有怀疑："这个人当首相没问题吗？"

即使说话的人和内容都相同，也会因为背景使人在无意识间下判断。

这样的背景就是后设无意识。

我们无从得知后设无意识被写上了什么。

然而，周遭的人却在无意识间产生感受并反映出来。

如果后设无意识被写上的是"我是能干的人"，别人就会把你视作能干的人；如果被写上的是"我是没用的人"，别人就会把你视作没用的人。

这么一来，后设无意识就会演变成实际状况。因此，我们可以从他人对自己的反应或所引发的现象中，来判断自己的后设无意识。

◉ 大脑与对手的"心"发生共鸣

那么，人类为什么会不自觉地读取后设无意识中所写的自我意象（self-image）呢？

那是因为灵长类动物脑中的"**镜像神经元**"（mirror neuron）发生了活化作用。

当我们看到别人的动作时，镜像神经元会让我们在脑中出现相同动作，就像是自己做的，类似"照镜子"。

看了他人的行动，对于那个人的想法或感觉，仿佛自己也能感同身受，镜像神经元正是掌控着这样的共鸣力。

这是二十多年前科学家在意大利帕尔玛大学（University of Parma）偶然发现的。在实验中，科学家在猴子脑部植入细小的电极，当猴子看到人的手移动时，猴子的大脑中与手部移动相关的神经元也会产生反应。由此推论，同样是灵长类动物的人类，经由视觉所看到的动作、表情，也会在脑中出现，以理解对方的心理活动。

镜像神经元的这个功能有助于提高生物的生存率。通过把对方的动作像镜子般反映、同步模拟对方的状态，以期能够掌握对方的意图——"这个人做这件事有更大的目的""这个人是为了某种个人目的而行动"等。

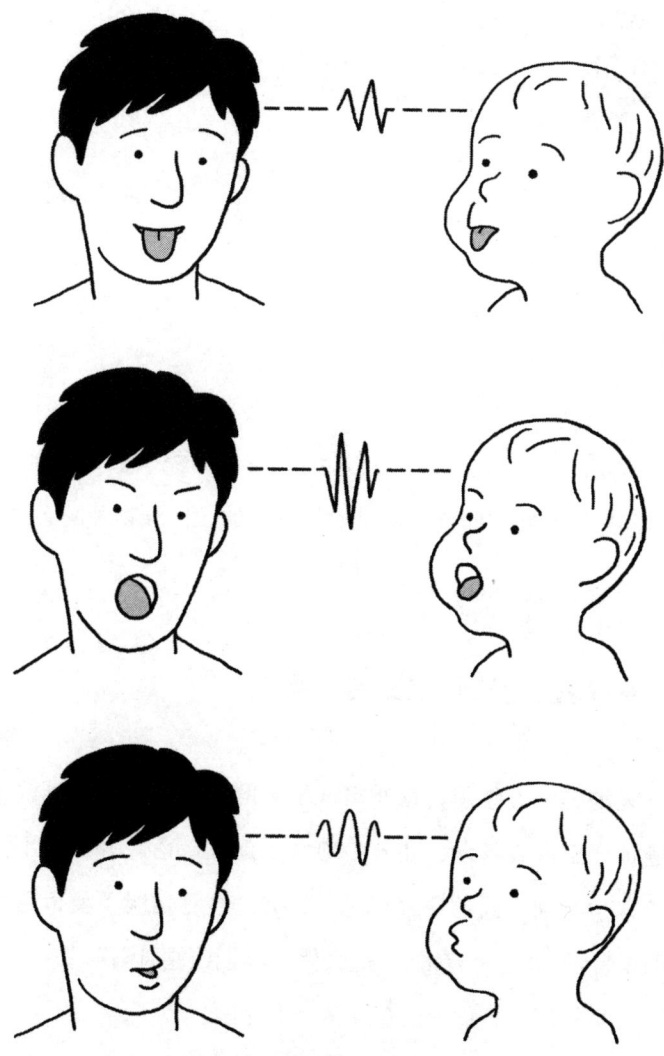

图 4　产生共鸣的镜像神经元

 **06** 适者生存！基因不必最强，
关键是适应了变化

那么，后设无意识是怎么形成的呢？

首先，不妨先回溯我们是如何进化的，回顾物种的起源。

◉ 基因无法轻易改变内容

大约二十万年前，东非出现最早的智人，不久后其演化的踪迹扩展至世界各地，在各个地域上建立部落，并根据不同的环境，学习到不同的生存智慧，诸如"这种情况下要以这个方式取得食物""这个有毒""这么做可以抵挡住风雨"。

对生物而言，物种的存续是一大命题。

如果每一次发生事情，都要针对新的信息重新思考，大脑将疲惫不堪。因此，为了防止耗损能量，人类就将这些信息写

入基因中，有如收藏在图书馆一般，然后传递给后代子孙，人类因此得以迈向繁荣。

所谓基因，就是指写入 DNA 核酸序列的遗传信息。由于这些遗传信息是为了物种存续而存在的，所以在结构上无法轻易改变基因内容。

◉ 改变行为的"另一个基因"

不过，东京大学的池谷裕二博士提出"还有另一个基因"。他认为包覆构成基因的细胞核的蛋白质核膜，会因应环境、状况而改变动态。

以音乐为例，或许更容易理解。即使乐谱上书写的音符相同，用吉他演奏或以钢琴演奏，带给听众的感受完全不一样。即使是同样的乐曲，若是判断这个演奏方式比较好，演奏者的表现方法也会有所改变。

"另一个基因"据说就是这样的性质。

"最终能生存下来的物种，不是最强的，也不是最聪明的，而是最能适应改变的物种。"查尔斯·达尔文（Charles Darwin）如是说。

这完全就是达尔文阐述的"进化论"的本质。也就是说,"基因"为了生存下来而产生弹性变化。

过去在生物学或基因学中,都认为基因受到气温、地理、气象等物质层面的环境影响,我始终觉得其中似乎遗漏了什么。

基因所反映的,不仅是物理环境。

事实上,基因还反映着驱动人类进步的文化和规范,它们改变了行为,写入基因并传给后代,这可以从最新的基因学研究中得知。

因此,我关注的是**内在环境**如何掌握外部的情况。

 **辨认你的原始过滤器，被规范紧束的心＝后设无意识**

所谓内在环境，是指"如何去掌握外部环境"。

比方说，如果你坚信"世事总是事与愿违"，那么世界在你眼中就会是这个样子，还会延伸出"世事总是事与愿违，因为很危险，所以还是按兵不动比较好"的想法。

相反，若是你坚信"不，因为世事永远无法尽如人意，所以才有意思"，那么即使出现了突发事件，你也会思考"有意思的事情发生了，接下来该怎么应对呢"，进而采取行动。

如此形成的内在环境即信念，如同装在"后设无意识"这容器中的潜意识。

人们面对信念，从而产生情感及思考的反应。基因在观看反应的同时，赌上生存的风险，决定改写哪个遗传信息。

我们的心，就寄宿在后设无意识中。

虽然人类身体的一举一动都经由脑部控制，但事实上脑科学已经证明，大脑也会通过感知身体动作去做出判断。

◉ 通过脑科学逐一分解"拿笔的行为"

现在问各位一个问题。

在拿笔之前，先请你想想，当你打算在纸上写些东西而"拿笔"时，是不是会出现以下的意识与大脑活动。

① "拿起笔"的意志

② "为了拿笔，身体的哪个部位该如何反应？如何动作？"的大脑准备

③ 从大脑向身体各部位发出"拿起笔"的指令

④ "啊，我拿着笔呢"的视觉认知，以及"拿起笔了"的身体感觉

接下来是提问。

你认为打算在纸上写字而"拿笔"时，上述从①到④的意识及脑部活动，是以什么样的顺序进行呢？

同时也想一想，为什么你认为是这样的顺序？

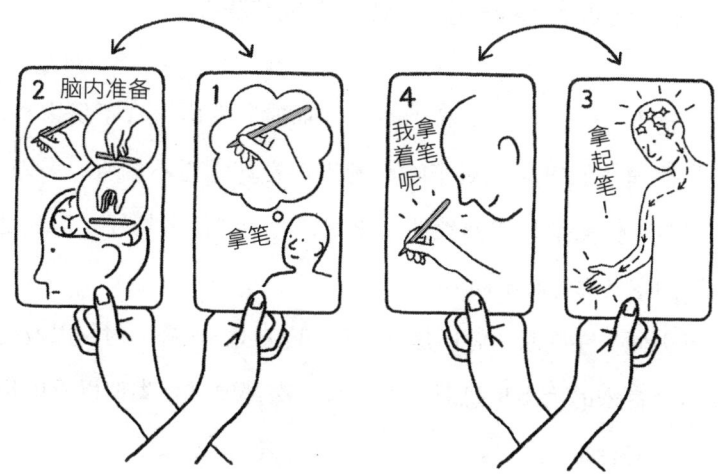

图5 "拿笔"时身体与大脑的关系

顺便一提,我原本认为是①→②→③→④的顺序。

然而,通过脑科学的实验证明,实际上却是依照②→①→④→③的顺序活动。

也就是说,在"拿起笔"的意志产生以前,经由某个指示,大脑已经开始进行拿笔的准备,通过脑科学实验,已确知大脑能在数秒前察知接下来要发生的事。

那么,大脑是对什么指示产生反应的呢?

无疑是"后设无意识"。

◉ 后设无意识是取舍信息的过滤器

比方说,日本人吃拉面或荞麦面时,发出声音不足为奇,但其他国家的很多人对于吃面发出声音却觉得不舒服。另外,基督教、伊斯兰教或佛教的文化圈,对于"什么是好,什么是坏"的定义都各有不同。

因此,在判断"做还是不做""正确或不正确"时,以及处理纷至沓来的诸多信息时,如果每一次都要进行类似以下的思考,一定会筋疲力尽。

"这合乎基督教的文化吗?"

"这在我的文化中,是否违反礼仪呢?"

"这是否符合我的意念或价值观呢?"

因此,大脑为了尽可能减少能量消耗,就会执行如下的思考——

"这个世界原本就是这样。"

"所以合乎这个文化、规范的事情就做,违背此文化价值观的事情就不做。"

"如果这个形式的信息与我的意念或价值观吻合,就可以保留;那个形式的信息不符合我的意念或价值观,所以要尽量排除。"

通过类似这样的思考，人们建立起一组适合自己的过滤器，专门选择和取舍信息。

然后，大脑只对过滤器筛选留下的信息才加以认识、思考、判断，之后经由潜意识或显意识，反映出个人意志。

大脑会在事情发生前察觉，并判断接下来将要发生的事，接着在脑内开始准备动作，紧接而来的才是人类的意志。这和前面说的在"去拿笔"意志发生以前，大脑就已开始准备，是相同的情况。

虽然这样确实可以防止脑部消耗无谓的能量，但是有如信息过滤器一般的后设无意识，却间接造成了不同的文化与规范各自坚信"世上原本就是这样的"。而这样的后设无意识是否合乎个人期望的现实，则是另一回事。

我们在事业、人际关系、恋爱、婚姻、疾病等方面，都会面对各式各样的阻碍，其中原因，是人类在形成意志以前，作为取舍信息过滤器的后设无意识的类型不符合自己真实的期望，因此，大脑也就一直没有机会去学习自己真实期望的后设无意识的结构类型。

08 成见的陷阱！"理所当然"从何而生？

日文版《科学人》(Scientific American) 曾刊载了一个这样的实验。

美国某一所大学对亚洲女学生进行了一次关于数学考试的实验。

即将考试前，教授对学生说了一句莫名其妙的话：

"女性的数学能力都比男性差，对吧？"

结果考试结束，女学生的分数比过去的都低。

过了一段时间，同样一群学生再次举行数学考试。

这次教授则是这么说的：

"亚洲人比其他民族的数学能力强，对吧？"

结果,这次亚洲女学生的数学成绩比过去的都好。

这个实验说明了人们能不能真正发挥能力,除了当事人的实力以外,还有其他因素在发挥作用。

从这个例子可以得知,"成见的陷阱"对这群女学生产生了巨大的影响。

所谓"成见的陷阱",就是一旦知道他人对于自己或是自己所属的群体有什么成见,人们就会配合演出成见的内容。这就是人类的无意识反应。

图6 成见的陷阱

"女性就是这样""因为是亚洲人，所以会那样，对吧""因为是男性嘛""因为是××公司的员工"……一旦形成某个既定印象，任何人都会无意识地受到摆布。

职场上的表现也有相同情况，很多人会因为他人的观点而受到影响，这是毋庸置疑的。

然而，他人以什么样的观点看你，和实际上的你毫无关系。

我们的内在有很多的"理所当然"，而且我们总是受到这些"理所当然"的摆布。

我们应该牢记这些"理所当然"，大多数的"理所当然"都是成见的陷阱所造成的。

 **09** 成功者的"理所当然"和
一般人不一样

日本经济新闻社出版的一本市场营销杂志，2015年曾做过一个问卷调查。

那一年，日本社会因是否通过安保法案而骚动；消费税原本要调高百分之十，但在评估经济后，调整为百分之八；另外，还发生了东芝会计虚报问题、德国福斯集团废气排放造假问题等，这是许多大企业丑闻被揭露的一年。

问卷调查的问题很简单，分别针对低收入、中收入、高收入阶层，询问他们："现在你关心的事是什么？"

低收入阶层所关心的是消费税及年金这类生活上的财务事项。中收入阶层关心的事项，除了消费税与年金问题，安保法案、大企业丑闻、政府问题占了前三名。为了证明自身立场的正确性，就会希望有"坏人""挑战对象"作为对照组。

◉ 高收入阶层对于证明"自己的正确性"不感兴趣

令人玩味的是高收入阶层的回答：

只有百分之二的人对政治及大企业丑闻感兴趣。他们多数人关心的是这些极为个人的事项，排在前三名的分别是"保持健康""旅行"和"含饴弄孙"。

看了这样的结果，我不禁恍然大悟。

所谓时代的常识，其实是绝大多数人的意见。中收入阶层是压倒性的多数派。换言之，所谓的常识，就是中收入阶层的思考方式，而思考继续停留在这里，就会停滞在中收入阶层。

绝大多数人为了证明自己的正确性，会把某些人视为坏人。

社会上还有不少人是因为"应该这么做"而做。电视、报纸杂志不断抛出那些怎么攻击都无关紧要的材料，并不停报道，也是因为这么做会让销量比较好吧？于是，社会大众和媒体都加入了鼓噪的行列。

这种"执着于正确还是不正确"的信念，正是大脑的一种过滤器。因此，为了证明自己正确，必须要有个坏人。但是攻击身边的人会引起争端，所以便转而针对政府、大企业的丑闻或体育界的职权骚扰等问题，大力谴责"坏人"。

高收入阶层几乎不使用"应该这么做"的后设无意识，因

为他们知道不需要证明自己的正确性。不需要与谁对抗，不需要把某些人视作坏人，只需要去做自己想做的事就可以了。

要以什么样的标准去衡量事物，属于后设无意识的领域。究竟是以和社会上大多数人相同的后设无意识去看世界，还是以能有效做出成果的后设无意识去看世界，人生将会因此产生不同的结果。

图7 低收入、中收入、高收入阶层关心事项的差异

 **10** 彻底去除"受某种无形力量驱使"的前提

在看到类似大企业丑闻等报道时,人们就应该明白,这些事件的开端都源自一些小事。这就是**"跨过垃圾"**的状态。

明明知道垃圾掉落在脚边,人却视而不见地跨过去;遇到生活中的小事,也是像这样跨过去。一味地遮掩有垃圾的地方,最后演变成难以收拾的状况,然后有一天突然就被摊在阳光下了。

不仅大企业,我们的人生也常发生"当时要是处理了就好了"的懊悔。

人们对于进入视线的垃圾总是立刻处理掉,为什么对心里的垃圾却无法立刻处理呢?

"捡起垃圾"是非常重要的行为。

看到垃圾掉了却直接跨过去,是因为意识落在其他事项上了,"因为现在很忙""因为还有其他更重要、必须做的事"。

其实，正是后设无意识的类型让人们采取了这个反应。
那就是"受某种无形的力量驱使"的错误前提。

◉ 成功者养成的"大前提"是？

任何人的情绪都是有起伏的，有情绪高涨的时刻，也会经历低潮时刻。有时精神饱满，有时却又有气无力。

"心情莫名萎靡不振，或许是因为××。"
"身体状况不佳，搞不好是因为××。"

因为总是被无形的力量控制，因此很容易产生"无可奈何"的思维。一般人不论情绪、身体还是对自身的期望，都是和自我合为一体的。

有人以"受某种无形的力量驱使"为前提或感觉，但也有人的前提和感觉是"情绪、身体都不等于我，而是由我管理、控制的东西"。

不论情绪还是身体，若是在出现问题时立刻处理，人就能产生"不论身体还是情绪，我都能够设法控制"的思维，不是跨过垃圾，而是捡起来，锻炼自己在控制人生方面的能力。

时代在改变，目标也会随之转变。在公司中职位升迁时，职责也会不同。只要了解自己目标的方向，就能有弹性地转变。一旦情绪、身体、任务交缠在一起，思维就会受到摆布，以至于让你搞不清什么才是"真正的自我"。

那些平步青云的人，是因为他们理解，不论情绪、身体、任务，还是自身的期望，都不是"原本的我"。它们都只是取得渴望的目标所需的工具，只是"我管理这些工具"的前提和感觉。

这就是把自我和情绪、身体、任务分离的表现。

11 心想事成的绊脚石——无意识选择"伪装的自我"而生存

我现在正在进行一个"用言语治疗疾病"的研究,每天都有形形色色的人来参加研习。

其中有不少人正值精力旺盛的年纪,他们来参加研习时向我提问:

"我人生这么不顺的原因是什么呢?"

我这么回答他们:
"其中一个原因应该是资本主义吧。"

后设无意识在判断事物时,有两个选择,一是以真正自我的生存目的为判断标准,二是以社会的普遍规范去判断。

资本主义以大量生产、大量消费为前提,因而前提便落在

"以什么为规范才能最有效获利"上。这个规范的基础，是需要大量的作为齿轮去工作的人。无法成为齿轮进行有效工作的人，将被社会淘汰，没有工作就生活不下去。因此，为了变成有用的"齿轮"，人们只好放弃自己的价值观，不得不做出依循社会价值观的选择。

在过去的社会中，人们只能以"社会规范下的判断"来糊口谋生。近三四十年，社会上更是增加了不少搞不清楚自己真正想做什么事的人。

日本的高度经济成长期出现于战后一无所有的时代，渴望打造一个安全、富裕的社会，因此整体形成一股力争上游的气势。当时，在资本主义规范的标准下，人们不得不放弃自身的价值观，以虚伪的自我活下去。

然而，时代已然改变，现在生活在安全且富裕的日本的我们，有必要去面对"我究竟是为了什么而活"的本质命题。

如果不这么做，就会进入一种事业与健康都不时会遇到重重阻碍的生活。

◉ 以后的时代，评价标准并不是金钱或知识

经济周期（megacycle），是经济政策学这门学问的主题。

首先是以农业为主的时代，这称为**农本主义**。土地面积大小决定农作物的收获量，所以农本主义的价值判断是地主持有多少土地。

接着发生了工业革命，**资本主义**兴起。在资本主义时代，价值的判断是每个人拥有多少财富，因此必要的能力是人际沟通技巧与赚钱的能力。

再后来出现了信息革命，兴起的是**知识主义**，从媒体的抬头到网络的普及，现在则是人工智能的登场。知识主义的价值判断，是目标对象拥有多少信息、能处理多少信息，这正符合我们所处的这个时代。

接着来临的将是**感性主义**。

感性主义的价值判断目标，不是金钱，也不是知识，而是一个以"拥有什么样的意志""你是想做什么事的人"来评价的时代。

感性主义的时代结束后，将发生意识革命，届时文化主义来临。而当文化主义兴起时世界将变成什么样，我还没有头绪。

由于文化主义之后的时代发展仍无定论，地球灭亡说等形形色色的论调众说纷纭。

其中有一个说法认为，感性主义将于2030年左右开始。

然而，就我个人的想法，2011年的日本"3·11"大地震可能已是开端，或者说对于感性主义的开始，那场大地震是必要的。

这并非无的放矢。在商业项目的分类中有一项是孝亲费，孝亲用途的消费统计数据显示，对于"以什么方式表现孝亲"的问题，在"3·11"大地震前，绝大多数的答案是"送花""赠送旅游券"等赠送礼物的消费。

"3·11"大地震发生后，有情感联系之意的"伴"字，成为关键词。大地震之后，同样是"以什么方式表现孝亲"的问题，"一起吃顿饭""一起旅行"等能产生情感联结的消费行为大幅上升了。

我发现，感性主义在这时候已经萌芽，能够清楚地感受到消费行为从具体的物品消费转变为抽象的体验消费。

另外，在"3·11"大地震之后，经营者们也纷纷表示"社会价值转变了"。个人偏好太过多样化而导致大量生产、大量消费的模式已不再适用，因为消费者纷纷表示出"想这么做"或"想那样做"的个人意向。

◉ 抓住世界的时代变化

感性主义的萌芽不仅发生在日本。

2016年赢得大选、第二年就职的唐纳德·特朗普（Donald Trump）成为第45任美国总统。

大选期间谁也想不到特朗普竟然会获胜,但实际上他却当选了。我认为这是美国低收入阶层发出的声音。

"即使希拉里·克林顿(Hillary Clinton)当上总统,美国也不会有什么改变,可以预期未来会是什么样子……特朗普是一剂猛药,虽然不知他会做出什么,但总之碰个运气再说,美国必须重新出发,希望能改变社会风向!"

社会底层开始出现这样的声音。这件事我到现在还记忆犹新。

感性主义与所得、地位无关,而是一个人们开始勇于说出想做自己、想做什么的时代。

一目了然的感性主义特有的现象就这样出现了。

从农本主义到知识主义的时代,以他人为标准而活下去的"虚伪自我"更能平步青云,因为只需压抑本来的自我,符合社会规范就好了。

然而,演变成感性主义以后,就无法这么通畅无阻了。

因为你必须面对以下的问题:

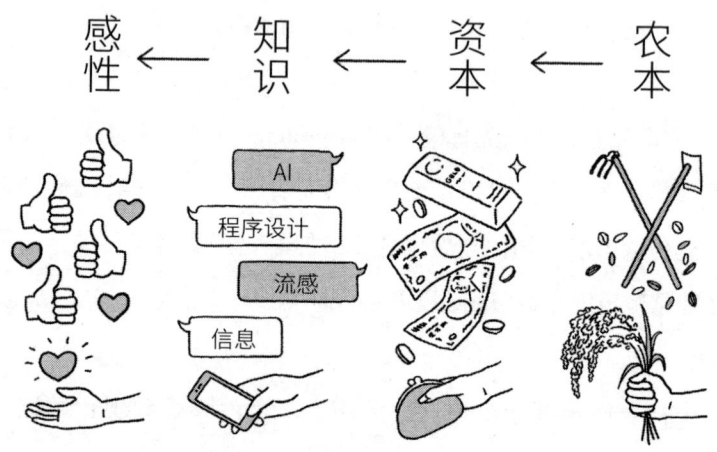

图 8 从农本主义到感性主义的过程

"你希望怎么样活着?"
"你抱有怎样的生存目的?"

这使得"后设无意识"的重要性浮现出来。

后设无意识有两种任务,一是"自己如何呈现在别人面前",二是"捕捉外界的信息,采取相应的行动,并决定其方向性"。

后设无意识在以他人为标准时,"本来的自我"就会模糊失焦;但若是以自我为标准,"该如何活下去"就会变得明确。把焦点放在过去,只会追求个人的正确性;若把焦点放在未来,就能专注实现自己想做的事。只追求舒适的体验,到达终点就变得艰难,若把意识朝向目的,终点就变得轻易可及。

像这样,理解后设无意识的类型,然后对自己的思考、言行有自觉性的调整,慢慢通过这样的累积,使想做的事变得明确,就能顺利地实现目的。

这样的生存方式可以说正符合感性主义。

下一章,我们就来看看后设无意识的十四种类型吧!

02

第二章

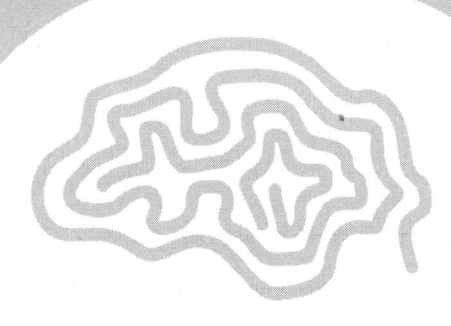

了解自我"无意识习性"的十四种类型

01 了解自我"无意识习性"的方法

后设无意识中的意识类型称为后设程序（meta-program）。"后设"也就是以更高的视角（或逻辑）来观看一切。

后设程序，可以说是获取外在信息的过滤器，也是形塑后设无意识、为现实世界定位方向的重要存在。若是能熟悉后设程序的各种类型，就有可能让你的人生心想事成。

这里介绍的后设程序，是以 NLP 的后设程序为基础的。

NLP（神经语言程序学）起源于 20 世纪 70 年代初期，是由美国加州大学的语言学者约翰·葛瑞德（John Grinder）和理查·班德勒（Richard Bandler）始创的实践性心理技巧。他们模仿当时在心理治疗方面有卓越成就的大师在治疗过程中运用的语言模式，整理出一套对于改变人类行为具有显著成效的 NLP 理论架构。而由 NLP 后设程序发展而出的实用系统，就是"语言行为量表"（LAB Profile）。

将"NLP·哲学·禅"模式化

我的方法,是根据过去近三十年的顾问及心智教练经验,将 NLP 及语言行为量表更进一步发展,融合古代哲学及禅学中的精华,整理成系统化的模式,并加以命名,使其明白易懂。

首先,我们先认识一下有哪些意识类型,以及自己平常惯用的是什么样的意识类型。接着,再认清自己想往哪个方向发展,选择最适合的意识类型就可以了。这时候需要考虑的,只是后设无意识的作用而已,如果发现不太合适,只要适时转换后设程序的类型即可。

与其费尽九牛二虎之力,去改变人生的不可变因素与现实,不如从个人开始,改变后设无意识类型,这样更容易让人的状态产生变化。

要先说明,并没有哪个类型比较好、哪个类型比较差的问题,而是面对不同状况要采用不同类型,才会使事情发展得比较顺利。当然,也有就整体性来看,选择某特定类型的确比较有益的状况。

你所选择的类型,会使事物的发展流程截然不同。

简而言之,只要改变后设无意识的方向,接下来只要因应当下遇到的状况见招拆招就可以了。这就像是帮大脑替换过滤器一样。

我将从众多类型中挑出十四种后设程序进行介绍，只要加以调整，就能让人生心想事成。

首先，我们看一下究竟有哪些类型。

图9　后设程序就像是过滤器

类型① 主体性
【主体行动型・反映分析型】

主体行动型：当产生想要做什么的念头时，立即采取行动。

反映分析型：当产生想要做什么的念头时，先思考"会产生什么结果"，或是先检查确认"能否顺利"，再采取行动。

一般而言，由于主体行动型是立即主动执行，通常能获得较好的成果。

但是在商务活动中，有时两种类型兼用比较好。当然，也有些工作绝对需要反映分析型。例如，航空管制官或地铁的控制室监控员，必须监看整体的状况再进行分析。如果采用主体行动型，贸然下令"总之让飞机飞起来"，或许就无法管控好工作了。

03 类型② 动机方向 【目的导向型・问题回避型】

目的导向型：基于"要获得成果""实现心中所期望的事"等动机而采取行动。

问题回避型：基于"回避问题""避免坏的结果出现"等动机而采取行动。

例如，"为了建设能够发挥自我的社会而工作"，就是目的导向型；而"不想变得贫穷所以工作"，则是问题回避型。

创业者通常采取目的导向型，比较能顺利达成目标。

医生基本上都是问题回避型。医生很难说出"绝对要把你医好，让你恢复健康"等目的导向型话语。若是无法出现预期的结果，很容易演变成"医生你不是说会治好的吗"等诉讼问题，因此只能打"安全牌"，向病人说明"做这样的治疗应该会更好"。

◉ 医院经营也逐渐走向目的导向的时代

最近常接到经营医院的医师找我咨询的案子。

因此我建议，不要以问题回避型的商业模式来经营医院，而要改成提升活力、让人想反复再来医院的"目的导向型"商业模式。

例如，商务人士在这家医院接受健康检查后，思路更清楚了，商业创意源源而来，从而增加了营业额；或是跑马拉松的人，在接受这家医院的健康检查后，跑完全程的时间变短了；打高尔夫球的人成绩变得更出色了……满足诸如此类"变得更健康""更加有活力"的要求等。

虽然听说有些牙医会故意保留蛀牙不治疗，以留住患者，但这里说的并不是采取这种做法；而是在治疗后，创造目的导向的价值以取得商机，这是更有建设性的做法。

在治疗疾病后，医院销售的是永续的价值，让患者愿意再次光临，创造良好的循环。 医院的管理者们，不妨思考一下这样的商业经营模式。

◉ 成功案例："销售永续价值"的整骨院

我曾经手的某个客户是整骨院连锁店老板，医院专门治疗闪到腰或肩颈扭伤等常见病。他们采取的是一般治疗院所的商业模式，始终无法增加顾客的再访率，深感困扰。

以整骨的优点来说，在康复过程中，顾客将身体全权委托给康复师，所以很容易进入被催眠状态。因此，若是能在进行康复治疗时通过谈话了解"这个人是想提升营业额的商务人士"，配合反复的话术，就能协助顾客达成愿望。

我花了大约一年的时间，针对该整骨院所有店铺，从推拿师到前台，对全部工作人员进行了员工培训。结果，培训成效显著，即使顾客身体无恙，但是基于"希望事业有更大的扩展""希望有更多创意""想要更漂亮""希望缩短跑步的时间"等需求而上门的顾客却大幅增加了。

另外，定期上门的顾客使用回数券（日本当地的一种优惠券，可指定使用次数以节约成本）更划算，可以提高优惠方案的吸引力。废除以往一本十张的回数券，改提供一本二十张、四十张、六十张的回数券，依张数提高折扣率。结果顾客抱着"反正每个月都会来"的想法，一本四十张的回数券销售数量开始暴增，一本六十张的回数券也开始有人购买。

就这样，营业额的飙升程度简直无法与过去同日而语。

将过去以问题回避型为主的经营类型，调整为目的导向型，就是把后设无意识类型改成"销售永续价值"的方式。

04 类型③　愉悦的判断标准
【他人标准型・自我标准型】

他人标准型： 在判断自己的行动是否能顺利进行时，需要他人的赞赏或认同。

自我标准型： 在判断自己的行动是否能顺利进行时，不需要他人的赞赏或认同，而是以自己的内在信心或自己的数据去判断。

在感到喜悦时，是以自我为标准，还是以他人为标准？这个问题不论是对事业还是对个人生活都有极大的影响。我认为，以他人为标准的动机是"偏差的喜悦"。

◉ 找回快乐主导权的病人

以下是当我和某位因为癌症而辞职的整骨师谈话时所发生

的事。

"为什么会选择当整骨师呢?"我这么问他。

"因为希望看到顾客开心的表情。"他回答。

因此,我对他说:

"我近来常说的'偏差的喜悦'就是这种情况。

"顾客如果不开心,你就无法开心了吗?

"你能不能开心,是操纵在别人手上吗?

"如果这就是生病的原因,你有什么想法呢?"

经我这么一说,他似乎惊觉到什么,倏然抱着头大叫。

"我这四十年来,到底都在干什么?"

一个月后,我收到来自他的消息。

"今天去医院检查,癌细胞减少了。"

惊讶的我忍不住问他:"你做了什么吗?"

"我确实对于如何拥有喜悦产生了偏差。这一个月来,我以自我为标准,彻底思考,究竟在什么情况下我会觉得开心?不是他人的想法或做法,而是哪些事完成了,我会认为自己很棒。

"总之,在休养期间有相当充裕的时间,所以能仔细思考,持续去做我认为有价值的事。结果再到医院检查时,癌细胞减少了,医院的医生也说,这真是奇迹。"

◉ 如果总是"以他人为标准",就无法持之以恒

难道顾客不认同,你就不是出色的人吗?

比方说餐饮店的餐食,有人觉得好吃,也有人觉得不好吃,这是理所当然的。

然而,如果你的思维模式是顾客没有表示好吃,你就认为供应的餐食不好,究竟你真正想做的是什么呢?

当然,符合顾客的喜好能使营业额上升,但是,如果任何事都只看顾客的喜好,就形同放弃自己的价值观。一般人常纠结于这个标准,所以归纳出"不知道该做什么,干脆按兵不动比较安全",因而踩住刹车。

又或是在以他人为标准而行动时,逐渐被他人的标准耍得团团转,以致筋疲力尽,产生"什么事都不顺利、总觉得怪怪的"这样的想法,因而中途放弃。这就是部分创业人士在事业正要有起色时,却从企业撤退的主要因素。

另外,一旦被旁人批评,或是当有人说了什么轻视的话语时,以他人为标准的人就会擅自对号入座,把这些负面信息和自我的人格画上等号,认为"我受到了批判及否定",因为这样的特性而产生许多负面的想法,如事业发展不顺、人际关系受挫、久病不愈等,形成诸事不顺的温床。

相对地,以自我为标准的人,不会轻易把外界信息和自我

人格相提并论，只是单纯将之视作信息，不会产生负面想法。可以说，究竟是使用他人标准还是自我标准生活，将会大大左右一个人人生的走向。

05 类型④ 思考方向
【过去标准型·未来标准型】

过去标准型：行动时，思考想做的理由，以及在自己的行为没有达到理想结果时，思考"为什么"不顺利的原因。

未来标准型：行动时，思考想做的目的，以及在自己的行为没有达到理想结果时，思考"为何"不顺利，并思考其他目的或新的可行做法。

一般来说，当把焦点放在过去的原因上时，事情的进展就容易变得不顺利。

以过去为标准的话，当发生意外之际，人们常会自问或诘问他人："为什么会发生这样的状况？"因为想找出原因，所以使用了"为什么"这个词。但是，这么做几乎无法获得真正的原因。

● "丰田式改善"无法套用在人类身上

有人认为，应该仿照丰田汽车公司在生产线实施的"丰田式改善"："重复问五个'为什么'"。在机械领域这是有效的，因为如果是机械的问题，"究竟是不是一厘米厚度"，"工序该如何处理"等，必定可以找到答案。

然而，由于人的性格、思考方式极为复杂，若是把这套方法套用在人身上，单以"为什么"来追究原因，我们不但无法找出答案，反而会让情况变得更糟。我在担任企业顾问时就曾感受到，在一家社长偏好频频追问"为什么"的公司，员工很难成长，得抑郁症的员工比例也偏高。

举个例子来说，小孩子考试得到八十分。

当妈妈把焦点放在追究原因时，问小孩："怎么只考了八十分？"小孩就会下意识地找借口。

相对地，若是以未来为标准，把提问内容变成："是因为什么目的而考八十分呢？"也就是提问时要以"其中应该有个很大的目的对吧"为前提。把视野放在未来，问的是"究竟是为了什么目的"。

◉ 你是"为何"而生病呢?

生病时,也不是问"生病的原因是什么呢",而是问"为何而生病呢"。这么一来,"这场病是因为什么意义而来临?有必要去发现其中的意义"这个前提就会因此产生。

不过,一旦追究"生病的原因是什么呢",就会变成把焦点放在过去,话题就会变成以"有某种不好的事情"为前提而进行下去。

把焦点放在过去还是未来,人的身体反应及脑部活动会因此产生极大的差异。

06 类型⑤ 动机的选择理由
【程序型·选项型】

程序型： 做事之前，期望别人提供"能顺利成功的方法"。

选项型： 做事之前，自行思考"能顺利成功的方法"，期望从多种选项中自行选择。

在询问"为什么做这个选择"时，两者的回答是不同的。

程序型把焦点放在过去，陈述那些事过境迁、不可变的事情或经过。

选项型把焦点放在未来，选择的理由着重放在事物的价值标准（刺激、有趣或有意义等）、机会或可能性上。

◉ 根据不同经营模式而转变动机的选择理由

不论程序型或选项型，都会因为不同的经营模式和内容而有所变化。

例如医疗等事业需要程序型，以正确的方式去做正确的事情。

不过，若是思考"增加顾客""提升营业额"的销售主题，程序型就不适用了。

如果原本把焦点放在过去，公司执行的是传统的经营模式，那么不强迫顾客接受，的确是正确的经营策略；而在此原则下，为了达到"增加顾客"的目标，不妨增加更多服务选项，替换成让顾客有更多选择的选项型。

这么一来，对于选项型有反应的顾客就能源源而来，反之亦然。

07 类型⑥ 重视的行动价值
【做人型·做事型】

做人型：行动时习惯把焦点放在体验的过程中，诸如快乐、兴奋、充实、没有焦虑不安、安全感、安心等感觉，倾向于重视人类感受。

做事型：行动时习惯把焦点放在体验后的结果上，"这么做，收入或评价会变成怎样呢""这么做能回避哪些问题或风险呢"等，倾向于重视物质、现实成果或完成任务。

◉ 业绩好和业绩差的业务员，后设无意识截然相反

以前曾有个转行到顾问公司的业务员，因为无法达成每个月的额度任务，在公司待得很痛苦，因而来找我商量。

我先跟他确认:"你对于业务工作,最重视的感受是什么?"刚开始,他给我的回答是:"应该是充实感。"

我心想,出现危险的答案了,于是接着又问:

"那么,获得充实感的背后,你要追求的是什么呢?"

他停顿了一会儿,接着说:"**我希望和伙伴有一体感。**"

他的回答让我确信,这样的想法确实无法让他达成额度任务。

为什么呢?

不论充实感或与伙伴的一体感,皆属于"做人型",焦点都不在结果上。

因此,我这么说了:

"的确,无论是业务工作能让你产生充实感,还是与伙伴之间拥有一体感,都相当重要。但是,你认为上司对你的评价会因此产生什么改变吗?收入方面又会有什么样的变化呢?"

我刻意唐突地抛出一个**把焦点放在达成目标后的问题**。

对方因为不习惯"做事型"的类型,停顿了一下。"会怎么样呢……",接着他边思考边说,"上司的评价大概会变成这样吧……""收入可能会有这样的改变……"

这时,重要的并不是回答的内容,而是把焦点放在达成目标后的事上。

让大脑习惯新的后设无意识才是目的。

接着在下一个月,"我第一次达到任务额度了!"他再度联络我,开心地与我分享业绩达到目标的喜讯。

类型⑦ 目的焦点
【目的标准型·体验标准型】

目的标准型：行动时，因为达成最终目的而感到喜悦。

体验标准型：行动时，因为过程中的体验所获得的开心、兴奋、充实、安心或亢奋等感受而感到喜悦。

◉ 切换目的标准型，从而成功得到冠军的浅田真央选手

在体育界，选手们心中的目的焦点不同，得到的结果也会截然不同。

举个最容易理解的例子，日本花样滑冰选手浅田真央。

虽然和类型⑥的说明有部分重叠，但也能从体验标准、目的标准的角度来分析这个例子。

在 2014 年索契冬季奥运会上，当时浅田真央是最被看好的金牌选手之一，所以无论在机场或比赛会场，她都会受到采访记者的包围。

"浅田选手这次希望如何表现呢？"当时面对记者提出的问题，浅田真央总是回答："我希望表现出自己的技巧。"

我当时就觉得不妙，心想："她可能会输掉比赛，没人可以提醒她吗？"结果，一开始她就在女子花样滑冰的比赛中出现了重大失误而落得第十六名。或许是因为打击过大，在两天后的自由滑项目上她头发蓬乱地进入会场，最后止步于第六名，错失金牌。

一个月后，世界花样滑冰锦标赛举行。记者照例问她："浅田选手这次希望如何表现呢？"这一次，她果断回答：

"希望在最后结束时，我能说已完全做到我所能做的。"

听到这句话，我心想："这次应该可以如愿以偿了吧？"果然如我所料，她取得了冠军。

"我希望表现出自己的技巧"，是把焦点放在体验的过程上，而把终点置之度外，因而未能到达终点。

相对地，前方目标如果着眼在"为何"，大脑就会自动启动指令，"那么，首先就是要到达终点对吧？"

在目的标准类型下，事情能顺利进展，更能强化生命力。当然，若是在经验过程中有喜悦，努力将更能长久持续。若能兼具目的标准与体验标准，那应该是最好的。

◉ 大脑追求的是"目的"与"终点"

即使在商界，只持有体验标准的人也不少见。

比方说，有些人希望能在事业上成功，年收入达一亿日元，当询问他们"是为何而想赚到年收入一亿呢"，他们会列举许许多多的理由。

实际上整理出来时，多数人说出的理由是"因为这样会很开心吧""因为会有安全感""因为会很兴奋"等，多把焦点放在体验的过程上。

所以我会进一步追问：

"为何想要这样的快乐呢？"
"为何想要这样的安全感呢？"
但他们的答案却是"……"。

"咦，没有一个'为何'想要这么做的目的吗？"

例如，在搭乘电车时，你看到眼前有一个空位，正想坐过去，这时，另一个男性也正好想坐在那里。

假设那位男性对你说了以下这句话。

① "抱歉，请把座位让给我。"
② "抱歉，我的脚不方便，请把座位让给我。"

当对方向你说①或②时，你的反应及感受会有什么差异呢？

哪一种说法会使你想让座给这位男子呢？

是否②比较能令你有让位意愿呢？

因为对方的"为何"很明确，所以能令你爽快地礼让座位。

大脑运作也是相同的道理。

对大脑而言，要处理没有意义的事本来就很痛苦，因此必须给它意义。

"为何要年收入一亿呢？"

"请不要让我去做没意义的事哟！"

这就是大脑想对你说的话。

09 类型⑧ 实际责任者是谁 【归咎他人型·自我究责型】

归咎他人型：对于身边发生的现实问题，不论是正面的还是负面的，都推责给自己以外的外在原因。

自我究责型：对于身边发生的现实问题，不论是正面的还是负面的，都认为是自己意识的投影所导致的。

比方说，当生病或发生意外事故时，归咎他人型并不会认为"是我自己造成的"；而自我究责型则会解读为"就连生病或意外，也是因为自己的某个原因造成的"。

当事业不顺利时，归咎他人型会从自身以外的外在环境找理由，例如"工作人员很差劲""同行很恶劣""时代不佳"等。因此，这类人容易受到社会上某种肉眼看不见的事物所控制，尤其是被无形事物摆布的感受特别强烈，也因此常处于被动状态，很难主动去打破现状。

因此，当替换成自我究责型时，人会以自我为核心去思考"为何我会让事情发展得这么不顺呢"，结果，新的流程就产生了。

◉ 因自我究责型而赚大钱的实例

我有个客户是社长，每月与我面谈一次。

在某次酒宴上，社长说："最近我被骗了两千万日元！"我立刻问他："你一定报警了吧？"没想到他竟然说："我没报警。"

"为什么不报警？两千万耶！"

"也不是，虽然现在还不清楚原因，但是把那个骗子叫来，让他有机会欺骗我的人就是我自己。"

社长这么一说，我恍然大悟。

"所以才不报警。"

"社长如果觉得没关系就算了，不过，两千万日元实在太可惜了。"

一个月后，又到了面谈的日子。

"上次那件事有了后续发展。"社长说道。

"上一次跟你喝酒后，又过了两星期，那个骗子突然出现在我面前。他对我说很抱歉，他把钱都花光了。我对他说：'没关系，虽然我不知道你有什么理由，但让你有机会欺骗我的人是我自己。'

"结果骗子说：'不，真的很抱歉。虽然没办法还钱，但我还有一些人脉，我会介绍给你，请尽量利用。'

"'那就请你介绍给我吧。'

"结果因为他介绍给我的人脉，我获得了八千万日元的利润。算一算我还是赚到钱了！"

在被骗时，若社长的语言类型是"我被那家伙骗了"的归咎他人型，并去报警，那么骗子就不会再出现在他的面前了吧？当然应该也就不会产生后面那八千万日元的利润了。

但社长反而是抱持自我究责型的语言类型，"他会欺诈都是因为我自己造成的"，因而诞生了新的发展。这让我深刻体会到"原来事情的发展可以这样演变"。

10 类型⑨ 理解事物的方式
【悲观标准型·乐观标准型】

悲观标准型：当发生问题时，习惯解读为"发生讨厌的事了"，接着开始往最糟糕的发展方向思考。

乐观标准型：当发生问题时，习惯解读为"机会来了""发生了有趣的事"，并往振奋人心的发展方向思考。

因社会发生的意外或灾害而受到影响，对经商者而言是家常便饭，这时候，**语言类型若是"形势变差，客户可能会跑掉，怎么办"**，这就是悲观标准。

"在经济混乱的时期，有人损失，也会有人获利，或许对自己来说是千载难逢的机会，该怎么做才好呢？"如果是这样的语言类型，则是乐观标准。

在发生经济恐慌时，亿万富翁却增加的原因

在过去发售的《东洋经济周刊》特辑报道中，曾刊登过以下这篇关于"聪明或愚笨"的大学研究案例。

◎ 如果人们相信在六岁时就已经决定了"聪明或愚笨是天生的"（基因遗传无法改变），那么之后学生时期的学业成绩也不会太出色。

◎ 相反，如果人们相信，"聪明或愚笨是可以靠着后天努力改变的"（靠个人努力可以设法改变才智），那么之后学生时期的学业成绩就会有比较优秀的表现，进入社会也相对能一展所长，有好的发展。

换句话说，当事人深信不疑的信念或不同背景的前提，在学业成绩和工作收入这种实际的数字体现上也会造成影响。

过去曾发生石油危机、"黑色星期一"、世界大恐慌、次贷危机、雷曼兄弟金融风暴等经济性打击事件，不过我看了纳税排行榜上的亿万富翁诞生人数却发现，**越是经济打击事件多的年份，亿万富翁诞生得就越多。**

普通人通常是把焦点放在经济衰退的问题上，使用如"雷曼兄弟破产了……经济也会变差吧"这样的语言类型；相反，

多数亿万富翁则是抱持"当有人损失时，就应该有人致富"的思维。每当打击经济的事件发生了，"这次能赚钱的人是谁？哪个行业？就把投资集中在那里吧"，他们就会以这样的语言类型作为思考前提而采取行动。

事实上，历史的经济发展轨迹也显示，对经济造成巨大打击的事件越多，诞生的富翁就越多。

换言之，当你看到社会上发生的事、个人工作的业界变化，或是生活周遭的事情时，请想一想，你"在什么样的前提下观察"？你"究竟把焦点放在了什么地方"？关注的焦点不同，得到的结果也将截然不同。

所以，要找出自己的思维前提或焦点，从发生的结果去寻找才是快捷的方式。

以结果来说，当事情进展不顺利时，可能是以"进展不顺利"为前提，或是将焦点放在了"将会进展不顺利"上；而当事情进展顺利时，可能就是以"进展顺利"为前提，或是将焦点放在了"将会进展顺利"上吧。

究竟你是在什么样的前提下，去看待自己的工作或这个世界呢？

你是否把焦点放在能顺利进展的事项上呢？

或者，你总是把目光焦点放在无法顺利进展的事项上？

类型⑩ 下判断时的心理状态
【分离体验型·实际体验型】

分离体验型：在决定事物时，依赖理性、理论、数字。

实际体验型：在决定事物时，基于自身生存目的及"自我价值观"。

比方说，面对必须决定是否要执行新计划时，如果企图以数据、实例等来做客观判断，例如语言类型为"无前例可循""归纳问卷调查及听取的意见，结果并不理想""条件并未吻合"等，这属于分离体验型。

相对地，语言类型为"确实没有前例可循，条件也并未完全吻合，但是不朝这个方向进行，就不可能有更美好的未来，所以无论如何都要找出方法去做"，这就是实际体验型。

◉ 为什么很多人生病都要找心理学专家咨询?

在接受许多病患咨询的过程中,有件事令我很在意。

那就是"××心理学专家特别多"。

社会上风行的心理学领域五花八门,对心理学感兴趣的人变多了,这是很棒的事。

然而,也有可能因此产生弊端。

生病的客户来找我咨询时,我常问他们:"你觉得为什么会生病?""从这次的疾病中可以得到什么好处?"其中有些人的回答是"根据××博士的说法……",或是"××心理学家是这么说的,所以我认为是这个原因"。

因此,我便进一步问他们:"先不管××博士的意见,你有什么想法?"结果对方一句话也回答不出来。

这就是在判断某些事物时,把外界的专家意见或常识理论当作武器来判断的分离体验型的特征。换句话说,就是没有自己的价值观(不是实际体验型)。

而且,**这种状况不取决于外界的专家意见或常识理论,而是在"为什么不提出自己的价值观"这一点上有问题。**

"如果说出意见,会被视作傻瓜""提出想法会遭到批评",一旦人有这类前提,每当要提出意见时,就会浮现"我会不会被耻笑"这种不愉快的感觉,因此就会企图采取与自我价值观分离的应对方式，这或许是一种防御反应。

而且，每当提出"根据××博士的说法"这类外界的专家意见或常识理论时，人就会再度强化"我是笨蛋""我比别人差劲"等自我否定的前提或感受，身体也会受到负面影响。

因此，常以这种分离体验型去采取行动、判断事情的人，有必要多注意。

12 类型⑪ 行动的决定前提 【义务型·欲求型】

义务型：要做某件事之前，脑中浮现的台词是"不做不行""应该做"，于是采取行动。

欲求型：要做某件事之前，脑中浮现的台词是"做吧""我想做"，于是采取行动。

在义务型的语言类型下采取行动，大脑也会随之开启痛苦系统。不论做什么都伴随着"为了讨生活""为了活下去"的义务感，因此容易感到痛苦不堪，以至于在工作场合，则变成"因为工作太痛苦，得过且过就好"，从而踩住刹车。

相对地，以欲求型采取行动时，"为了这个原因，所以想这么做"的目的就非常明确，有效启动了大脑的报酬系统，进而能正面地、积极地看待所面对的事项并采取行动，使其顺利运作。

◉ 面对人生，欲求型行动更有利的脑科学理由

大脑的痛苦系统，是在处理人类痛苦的事项时发挥作用的系统。当这里发生作用时，大脑的下丘脑会对肾上腺发出命令，分泌出皮质醇、肾上腺素等荷尔蒙。

当大脑分泌出皮质醇时，会抑制免疫机能，促使血糖上升；当分泌出肾上腺素时，则会使血压升高、脉搏加速，人会进入备战模式。这是当人类洞察到危险时，因本能而做出逃走或战斗决定所需的荷尔蒙。

在日常生活中，当我们遇到与处理计算、数据分析等有关数字的活动时，就会强化痛苦系统的作用。当人面临不能出现疏失、犯错的情况时，也确实需要痛苦系统，但如果长期持续，人将会身心俱疲。

相对地，报酬系统则是大脑处理愉悦事项的系统。

当报酬系统作用时，下丘脑再次对肾上腺发出命令，指示分泌多巴胺、血清素等荷尔蒙。多巴胺是兴奋物质，血清素则是会令我们感觉幸福的荷尔蒙。

所谓的抗抑郁剂，其实也是促进分泌多巴胺及血清素的药物。不过，只要让大脑的报酬系统产生作用，这些荷尔蒙物质都能自动产生。

报酬系统能产生新的物质,使身心处于放松状态,这是进行创造、想象等活动时所需要的。但是当痛苦系统作用时,人的身心进入紧张状态,因而会囤积压力,尤其是一想到与金钱相关的事项,痛苦系统就会发生作用。

◉ 时薪两百日元和时薪五千日元,哪一个工作比较痛苦?

科学家曾做过这样的实验:把十个人聚集在一起,请他们进行同一项单纯的作业。实验分成两组人,第一组给予时薪两百日元,第二组给予五千日元。实验目的在于想了解"哪一组的工作条件会让大脑痛苦系统产生反应"。

实验结果出来后,我对于结果很吃惊。

结果竟然是,时薪五千日元的第二组,他们的痛苦系统出现反应了。

进一步确认,发现第一组人抱着"反正只有两百日元,轻松地做吧"的想法进行工作;相对地,**第二组人却产生义务感**,认为"这么单纯的工作领五千日元,真的可以吗?不好好去做不行"。

也就是说,希望增加薪资、提高营业额固然很好,但是一旦人萌生"必须更努力才行"的义务感时,痛苦系统就会发生作用。

因此,当人为了轻易获取财富而过度拼命时,会诱发大脑的痛苦系统发生作用,更容易使人的身体和事业遭受摧残。

类型⑫ 自我认知
【限制的自我型·绝对的自我型】

限制的自我型：遇到健康状态不佳或事情进行得不顺利时，就认为自己"很差劲""没价值""不足"。

绝对的自我型：即使健康状态不佳或事情进行得不顺利，也能感受到"自己光是存在就有其价值，就这样子也可以"。

◉ 以限制的自我生活，过度拼命的人会崩溃

限制的自我，越是企图对他人有所贡献、企图让事业成功，就越容易因为一点小事而受挫折，感到自我厌恶。而且，容易想起"麻烦"或"有其他非做不可"的事项，人生因此停滞不前。

越是顽强的人，越容易出现的语言类型是"我这样不行，我要尽快让自己脱离这个状态""现在不是说丧气话的时候""现

在要靠的是气势、耐力"等,并试图努力突破这个状态。

长期以限制的自我生活,人容易形成心理负担、搞坏身体、遭到意外事故等,不自觉的自我贬低或自我伤害倾向,也会导致自己莫名走向不好的结果。

举个容易理解的例子,比方说新闻报道演艺圈某当红的艺人,因为不慎涉嫌性骚扰或毒品问题,被社会大众唾弃、健康状况亮红灯等,就属于这类状况。

◉ 若有绝对的自我,就不会轻易动摇

在"绝对的自我"类型下,语言类型常是**"即使事情进展不顺利,也和我的存在价值一点关系都没有,只是这次刚好不顺利,用别的做法再试试看就好了"**,当事人能清楚地把发生的状况与自我价值分开思考。

14 类型⑬ 目标投入程度
【结果期待型·结果行动型】

结果期待型： 当有想做的事情时，欲等条件齐备才采取行动。

结果行动型： 当有想做的事情时，首先会为了准备好所有必要条件而行动。

例如，A和B都想开一家意大利餐厅。

A说："如果我有五百万日元存款，那么我想实现开意大利餐厅的梦想。"这就是备齐条件才付诸行动的结果期待型。

B则说："我要开一家意大利餐厅，现在为了存五百万日元，正在做××事。"这就是直接付诸行动，去做该做的事，让事情有所进展的结果行动型。

你认为哪一个较容易达到目标呢？

不用说，当然是结果行动型的B。

◉ 改变语言和行为的使用方式，把大脑切换为结果行动型

幸运的是，我们有机会通过语言、行为来切换这两种类型。

这是我和某位经营者谈话时发生的事。那位经营者有很明确的生存目的，没想到自己竟然到了癌症晚期。他说："我只要治好癌症，就会回到工作现场。"

这完全就是所谓的背道而驰。

也就是说，他希望能回到职场来完成他的生存目的，但却是必须先满足"癌症痊愈"的条件，再付诸行动的结果期待型。

因此，我建议他将语言和行为切换成结果行动型，"我为了通过事业达到生存目的，所以癌症最迟要在某个时间前治好"。具体的陈述是："我为了开创××，所以要做这些事，因此必须在××以前把病治好。"我要他想象一下针对目的而采取行动的自己，并且把公司骨干叫到病房，下达指示，开始运作他的事业。

由于大脑把想象的情景判断为"现实"，他的身体也会配合想象而产生变化。

结果，大约半年的时间，本来是癌症晚期的他，消灭了八成左右的癌细胞，居然出院了。

15 类型⑭ 人生的根本欲求
【生存欲求型・目的欲求型】

生存欲求型： 确保能安心且安全地存活，避免死亡，以求生为目的。

目的欲求型： 实现生存目的、活得像自己，以实现自我为目的。

◉ 奥斯维辛集中营幸存者的共通点

下面将以奥斯维辛集中营这个极端的案例来说明。

第二次世界大战期间，纳粹德国以净化民族的名义，进行有组织的大规模虐杀。当时不分男女老幼，逮捕了大量的犹太人，监禁在集中营，夺去了数百万犹太人的性命，奥斯维辛集中营正是其中一个凄惨的现场。由于纳粹德国最后战败，被关入集中营的犹太人,只有少部分侥幸活了下来。

其中一位幸存者是心理学家维克多·弗兰克尔(Viktor Frankl)。

他在"二战"后以"为什么我们能活下来"为主题做研究,认为虽然大家都想活着走出集中营,但最终在集中营里活下来的只是少数,这些人究竟与其他人有什么不同呢?

是因为比较强壮吗?当然不是。

是因为拥有更多财富吗?这也不是。

维克多·弗兰克尔写道:"当我发现这件事时,它给我的冲击之大简直如醍醐灌顶。"

那就是"自始至终都没有忘怀自身目的的人们"。

幸存者中有个面包店老板。他是这么想的:

"战争结束后,我要在繁华的街上重新开一家面包店,刚出炉的面包香气飘溢在整条街上,让街上的人都觉得很开心。所以,我不应该一直待在这样的地方。"

还有一位幸存者是钢琴师。

"世上的人因为战争而疲惫不堪,我要以钢琴师的身份走遍全世界,以琴声抚慰全世界的人。所以,我不能一直待在这样的地方。"

就像这样,能在集中营高墙里边找到目标的人,他们活下来了。

单纯只想着要走出集中营的人(生存欲求型),他们最后都失去了性命。

另一方面,能够活下来的则是"始终没有抛弃目的欲求的人"。

这个根本欲求的标准,甚至能影响到生命存活的机会多寡。找到集中营里"为何而活"的目的,是强韧的生命力所必需的。

◉ 生存欲求型行不通的原因——大脑会逆向运作

为什么生存欲求型的人,常会发生事与愿违的状况呢?

如果用黑笔在白色板子上书写,白底黑字轻易就能让人有所反应;若是用黑笔在黑色板子上书写,因为看不出黑字字迹,人的反应就相对较小。

因为有对比的白色背景,所以黑笔才有存在意义。

同理,因为有"下"的概念,才对应产生出"上"的概念;有"恶"的概念,才有"善"的概念;以此类推,因为有痛苦艰难的概念，才会有幸福喜悦的概念，人才会去追求幸福喜悦，或是体验到何谓幸福感、喜悦感。

这个世界就像这样，因为有着对比的事物，才会产生相应的概念，也才有可能体验到其中不同的含义。

因此，若是渴望活下去，想活在安心、安全的生活状态中，就要让这些欲求存在对比，这需要什么样的概念呢？

那就是"意识到死亡"，或"感受到辛劳、危险"。

这样，大脑就会开始认为"必须要有死亡逼近的危机感，或是辛劳或危险之感。如果不产生死亡的危机意识，或是使其感受到辛劳或危险，是不行的"，这样会慢慢诱发疾病、意外、灾害、事业失败、人际关系失和等现象。

同理，当你持续怀有"想要钱"的欲求时，则需要"缺钱""对金钱很焦虑"等对比概念，无形中就会引导你走向那些"缺钱""对金钱很焦虑"等现实情况。

像这样，如果不了解**"大脑会逆向运作"**的情况，不小心就会招来事与愿违的生活。反过来说，也有人因为为死亡做准备，或为死后进行准备，反而使得癌症病情有所好转。

记住，大脑是会逆向运作的。

图 10 无意识习性（后设程序）的十四种类型

03

第 三 章

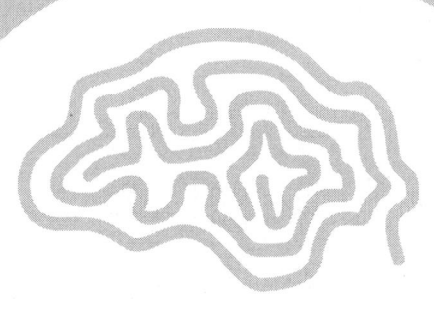

一流精英的
高效心智训练

—— 重新改写"后设无意识"

01 和"莫名××"的五感情报息息相关的词汇，会改变现实

一般人遇到变动的社会性事件或趋势时，常会直观地认为"经济要变得不景气了"（悲观标准）；然而，成功者的心态就像个滤镜，他们所想的是"当有人损失时，就应该会有人致富"，因此当遇到像雷曼兄弟破产这种金融风暴时，成功者所出现的语言类型是"机会来了！会赚钱的行业是什么呢"，反应有别于一般人（乐观标准）。

这样的差异，究竟是从什么地方产生的呢？

其实，两者的差异只不过是在于后设无意识朝向哪个方向，又把焦点置于哪个地方，就是这么一点微小之处而已。

把蓝色苏打水倒入普通的杯子里，它看起来就只是普通杯子的形状；若是倒入米老鼠形状的杯子，它看起来就会像米老鼠；倒入妖怪造型的玻璃杯，它看起来就会像很恐怖的妖怪。也就是说，不论倒进哪里，人们所看到的都是容器的形状。

这就是后设无意识。

后设无意识的定型过程如下:

① 通过视觉、听觉、嗅觉、味觉、触觉这五种感官来收集信息;

② 为收集到的信息赋予语言;

③ 依据语言的不同,决定赋予不同的诠释;

④ 依据诠释,再决定要产生什么样的情绪;

⑤ 诞生情绪性的"社会就是这样""不可以这么做""应该这样做"等信念(驱动人的大脑程序)。

"信念"的根源,是语言附着在五种感官所收集的信息上。然后,在"为什么选择这个语言"的步骤②中,与后设无意识产生关联。

基于"莫名××"的印象而保管的五感情报内容有着不同的类型,而后设无意识将会检查其内容是否符合过去设定的某种类型,并在必要时加以改变。

02 成功脑的后设程序类型

过去有许多形形色色的成功人士，我认为一般人很难再现他们的成功。这是因为我们不知道他们过去是以什么样的判断标准来行动的。

我花了将近三十年的时间，持续访问成功人士，经年累月地研究，想找出是否有所谓的成功模式。在累积、整理了大量的资料后，我终于得到结论，明白了，一切在于后设无意识的方向性，即你的后设程序选择了什么样的类型，这就是成功与否的关键。

我以成功者的大脑模式为基础，整理各种后设程序而得到的最新版本，也就是第二章介绍的十四种类型。这十四种类型没有所谓的高低优劣之分，在不同情境下，有不同的适合类型，要选择哪个类型是你的自由，只不过，那些**生活行事顺遂、常心想事成的人，都是以相同的成功脑类型生活的**。

我们每个人都是日日夜夜一步一步地走在人生这条道路上的，但若是偏离了方向，即使只稍稍偏离了一点点，抵达的将是天差地远的终点。

因此，在这一章里，不妨来检视一下你的后设程序是什么样的结构，若是有不对劲的地方，就来加以调整吧！

这么做的目的，是要发现你自己在生活中不自觉使用的后设程序类型。

只要能够娴熟操作，你就能因应不同情况选择最适合的类型，随时回归基本的成功脑类型。既能洞悉大脑思维，也能看清事物，不会偏离自己的轴心。

就结果而言，这样能够提高成功模式重现的概率。

那么，我们就再来看看"心想事成者的十四种成功脑类型"吧！

03 心想事成者的十四种成功脑类型

◉ 类型① 主体性
　✓**主体行动型**　×反映分析型

如果想创业或在事业上获取成功,就要采取"要做就从今天开始"的**主体行动型**。一旦想着"结果会怎么样呢""能进行得顺利吗",从而变得不安而钻牛角尖,就会导致不自觉地把研究"能进行得顺利吗"当作目的。

◉ 类型② 动机方向
　✓**目的导向型**　×问题回避型

在采取行动时,不是以"回避问题"为前提,而是以"要获得心中期望的××"的目的导向来形成动机。一旦总想"要回避××",大脑反而就会实现你所讨厌的事项。

◉ 类型③ 愉悦的判断标准
✓自我标准型　×他人标准型

为了寻求他人的赞赏或认同,一味跟从他人的意见,导致做了自己原本不想做的事,这会让人形成压力。"**因为想做才做**"的自我标准,能让大脑更容易实现你的想法。

◉ 类型④ 思考方向
✓未来标准型　×过去标准型

"为什么想做这件事""为什么无法顺利进行"这类语句中的"为什么"是企图从过去寻找原因。一边把意识专注在过去,另一边又要为迎战未来而行动,我们的大脑并没有这么厉害。若是有想做的事、无法顺利进行的事,应该要问"为何想做这件事""为何会进行得不顺利",以"为何"来问自己,使用**未来标准**去思考。

◉ 类型⑤ 动机的选择理由
　✓选项型　×程序型

等待别人告诉自己成功的方法，再遵从这些方法去做，这样的态度会减弱创造新事物的力量。那些能顺利圆梦的人，习惯自主思考实现梦想的方法，自己选择让事情顺利进展的策略，以基于自我意志做选择的选项型而生存。

◉ 类型⑥ 重视的行动价值
　✓做事型　×做人型

"开心""兴奋""充实"等情绪的感受固然重要，但如果一开始不重视**做事型**，就不会去思考"去做这件事，收入与评价会怎么样呢""做这件事，能够避免什么样的问题或风险呢"，没有思虑周全的行动，也就无法得到丰厚的实际成果。

◉ 类型⑦ 目的焦点
　✓目的标准型　×体验标准型

付诸行动时，虽然因实际体验到的愉快心情（快乐、兴奋、充实）也会形成动力，但如果一开始没有以目的标准作为焦点（达成最终目标伴随而来的喜悦），就难以达成目标。

◉ 类型⑧ 实际责任者是谁
✓自我究责型　× 归咎他人型

不论生活中出现正面的事或负面的事（疾病或事故），都认为一切发展跟自己有关、是自己造成的，这种思维正是自我究责型的成功脑。如果总是认为事情成败都来自外部环境，就容易陷入僵局，无法解决问题。

◉ 类型⑨ 理解事物的方式
✓乐观标准型　× 悲观标准型

当某件你想要去做的事情发生了问题时，如果你只是认为"发生了讨厌的事"，那这样的解读方式就无法使事情顺利进展。成功者会在最恶劣的情况下，仍然思考当时的最佳处境，以"绝佳机会来了""这件事很有意思"等**乐观标准**来解读。

◉ 类型⑩ 下判断时的心理状态
✓实际体验型 ✕ 分离体验型

当你决定着手去做某件事时,在下判断前,如果你使用理论或逻辑性的分离体验型思维方式,例如想要依循前例或找证据佐证,那么大脑不会认为这是下定决心的信号。相对地,即使没有前例可循或证据支持,但以**实际体验型**来下判断,表现出的语言或行为是基于以生存为目的的自我价值观,那么大脑则会判断你要开始行动了。

◉ 类型⑪ 行动的决定前提
✓欲求型 ✕ 义务型

当你要把想法转换为行动时,如果脑中浮现的是"做吧""想做"等台词,人因为心中的欲求而产生行动,那么事情就能顺利完成。如果脑中浮现的是"不做不行"等台词,大脑的痛苦系统发生作用,就会导致事情可能更容易不如预期,难以成功。

◉ 类型⑫ 自我认知
　✓绝对的自我型　× 限制的自我型

经常心想事成的人,不会因为有不健康的身体或是打算做某件事却无法顺利进行,就觉得自己很无能。他们能以**绝对的自我**来生活,思维倾向于"我原本就有自己的价值,我这样就很好""只是偶尔做的事情不太顺利"。

◉ 类型⑬ 目标投入程度
　✓结果行动型　× 结果期待型

只要抱着"万事俱备再采取行动"的思维,就永远等不到万事俱备的时刻来临。成功的人,都是为了让条件齐备而行动的结果行动型。

◉ 类型⑭ 人生的根本欲求
　✓目的欲求型　× 生存欲求型

如果你行动的原动力是为了能活下来,或是确保安心安全的无虞环境,首先浮现的是负面情景,那么大脑实现的很可能就是你的负面想象。成功的人是为了实现生存目的,为了活出真正的自己,因此人只有以自我实现的目的欲求去行动,才会获得成功。

		✓	✗
类型①	主体性	主体行动型	反映分析型
类型②	动机方向	目的导向型	问题回避型
类型③	愉悦的判断标准	自我标准型	他人标准型
类型④	思考方向	未来标准型	过去标准型
类型⑤	动机的选择理由	选项型	程序型
类型⑥	重视的行动价值	做事型	做人型
类型⑦	目的焦点	目的标准型	体验标准型
类型⑧	实际责任者是谁	自我究责型	归咎他人型
类型⑨	理解事物的方式	乐观标准型	悲观标准型
类型⑩	下判断时的心理状态	实际体验型	分离体验型
类型⑪	行动的决定前提	欲求型	义务型
类型⑫	自我认知	绝对的自我型	限制的自我型
类型⑬	目标投入程度	结果行动型	结果期待型
类型⑭	人生的根本欲求	目的欲求型	生存欲求型

图 11 心想事成者的十四种成功脑类型

04 贫困脑和致富脑的差异

我二十七岁的时候独立创业,想都没想就决定去做了,当时存折里只有 2348 日元。

为了能糊口谋生,我白天做着领日薪的工作,晚上则努力学习,与一群创业家组成一个小型社团,直接从经营者的实战经验中取经,汲取与经营相关的知识。因此,我认识了五个成功的创业者,他们都在五年间从低收入者变成了亿万富翁,我努力从他们身上寻找取得这样成果的人格特质,并不断模仿实践。

模仿的结果,是我终于能够加入他们的行列,成为其中一员。

◉ 心想事成者懂得充分利用大脑功能

我从事顾问与心智教练的工作将近三十年，在接触了大约四万八千人后，我明白了一件事——"心想事成者"和"事与愿违者"，他们让大脑产生的作用正好相反。生活中总能事事亨通的人，擅长运用大脑的功能，随心所欲地实践梦想。

也可以说，这是**贫困脑**和**致富脑**的某种后设程序的差异。

05 致富脑会彻底厘清"拒绝清单"

> 贫富差距不是来自经济状况的差异,而是来自语言技巧的差异。
>
> ——戴维·霍金斯(David R. Hawkins)

如果对不愉快的记忆置之不理,不好的信念——也就是基于恐惧的信念——就会因此而生。

大脑偏好把恐惧的情感变得真实,远超过喜悦的感情。恐惧就是具有这么强大的力量。

然而,越是普通人,越容易被这类不愉快的记忆掌控,时常因为恐惧而使得事情更加恶化。

那么,我们该如何处理这类不愉快的记忆呢?

◉ 追求"安心、安全"却换来"痛苦记忆"的矛盾

我之前说过,因为有"左",所以才有"右"的概念;因为有"上",才有"下"的概念。在大脑中,所谓的概念,是以对比的方式存在的。

一般人都是追求活下来,期望过着安心又安全的人生。

然而,在追求"活下来,过得安心、安全"时,大脑首先浮现的是痛苦的记忆,接着加以保存、强化痛苦的记忆。然后,为了保存痛苦的记忆,大脑进一步制造痛苦的事情,使人发生贫困、事业挫败、事故或疾病。

结果,大脑为了让"痛苦的记忆"持续存在,便与追求"活下来,过得安心、安全"的目标,成为相互依存的关系。

然而,无论是痛苦的记忆,还是因此产生的信念,虽然外界的力量有如此强大的影响力,但我们却很容易从内在去改变它。

◉ 反向操作,善用不愉快记忆的方法

因此,那些亿万富翁所使用的方法,就是善于利用痛苦的记忆或是不愉快的记忆,也就是我之前说明的"大脑会逆向运用"的特性。

大脑具有偏好无压力的二分法特质,倾向于借对比来建立

概念。因此，我们干脆反向操作，预先准备好那些痛苦、不愉快的记忆，让这些记忆清楚地呈现在意识中。

比如说，当清楚地感觉到你的目标是**"我拒绝和那些只会说'让我赚钱'的客户一起工作"**，这时候，大脑的思维就会是"一定要去寻找那些并非'眼中只有利益'的好客户"。

拥有致富脑的人会整理好这些痛苦的记忆、不愉快的记忆。

简单来说，就是列出**"拒绝清单"**。

换句话说，制作属于自己的一套规则：想避免哪些事、不做哪些事。

有一次，某位有钱人让我看他的笔记，他的"拒绝清单"年年在增加，写得密密麻麻。

或许有些学过后设程序的人会纳闷"拒绝清单"和问题回避型有什么不同，我在这里统一回答一下。

概念是因为对比而存在的。

也就是说，因为有想回避的事物，所以就会突显出渴望的事物。

这时重要的是，彻底掌握自己的标准。

确认想回避的事物，明确哪些是无法顺利进展的事情，以自己的标准决定是否"拒绝去做"；由于没有伴随恐惧的情绪，所以以自我为轴心的容器就能不断扩大。

愿望不会派上用场，反而是确认想回避的事、不想做的事，妥善利用负面的事物，这才是致富脑的运作方法。

06 想跨入高收入阶层,就要彻底以自己为标准来思考

◉ 未来收入在童年时期就决定了?

20 世纪 80 年代以后,一些国家国内的贫富差距不断拉大,日本也进入相同的处境。

美国社会同样面临这个问题,白宫对此下了指示,"找出贫富差距严重的因素,阻止这个情况加剧",相关机关调查后的结果显示:"**贫富差距和童年时父母的教养态度不同有关。**"

比如说,小孩子向父母央求"买游戏机给我"这类常见的状况。

未来收入低的孩子的母亲惯于情绪化地斥责他们:"**你不是已经有游戏机了吗?不要再打游戏了,好好念书!**"结果,小孩就变成以母亲的标准,也就是他人标准来思考。

相对地,未来收入高的小孩的母亲如果遇到同样情境,则

倾向于理性地询问孩子："为什么你会需要这个游戏机呢？可以告诉我原因吗？"

由于小孩会不断学习，所以当他们提出要求时，应该询问他们的理由，这可以训练他们的表达与沟通能力，同时也能让他们清楚了解自己的标准，思考为什么会想要这个东西。像这样在成长过程中持续以自我标准来判断的训练，将提高孩子未来成为高收入者的概率。

◉ "自我标准"的教育，造就了"脸书"创办人

提到高收入者，不免一提"脸书"CEO 扎克伯格，其总资产约超过八百亿美元，在美国商业杂志《福布斯》公布的全球富豪榜上，扎克伯格名列前茅。

扎克伯格可以说正是以自我标准被抚育长大的好范本。

在某个调查世上被称为神童者是如何成长的电视特辑中，扎克伯格的父亲说了这样一段往事。

扎克伯格在童年的时候对他父亲说："爸爸，买这个游戏机给我吧！"

"我知道了。不过，你可以告诉我为什么需要买这个游戏机吗？"

"我朋友史蒂夫和乔治都有这个游戏机。"小扎克伯格这么回答。

"不，这可不行。这样的话，我不能买给你。"

扎克伯格上了高中，有一天在家观看奥运转播时，观看击剑比赛的扎克伯格对击剑相当感兴趣，他对父亲表示："爸爸，我想学击剑。"

"为什么想学击剑呢？"

"因为我想变得更强！"

于是，隔天他父亲买了一整套的击剑用具，然后对扎克伯格说："拿去用吧！"

他父亲说："因为大家都这么做，或是大家都有，以这种理由而提出的要求，我一概拒绝。相反，如果孩子说自己想这么做，我全部都会买给他。"

换句话说，孩子以他人标准而要求的东西全部被否决，只有出于自我标准要求的事物才能获得应允，他这个儿子最后创建了"脸书"。

虽然扎克伯格很富有，但着装始终是简单的 T 恤和牛仔裤，据说他拥有七套一模一样的服装，每天都是相同的打扮。

04
第 四 章

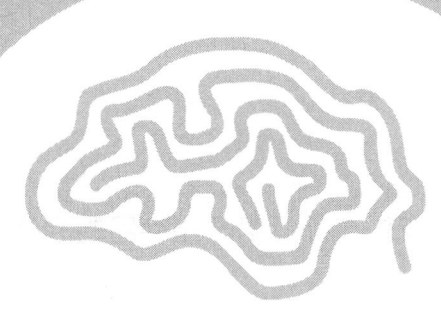

随心所欲地控制潜意识的方法

01 创造"金钱能由自己控制"的前提

● 每一次支付时都低语着生存目的的创业者

我认识一位朋友,他和我同时在二十七岁独立创业,后来他的公司成功上市了。

三四年前,某次因为要和他一起工作,我们约在咖啡厅见面。

当我们在收款机前各自结账时,我听到他口中仿佛低语着什么。由于我相当好奇事事顺利的人属于哪一种类型,因此特别在意他的行为举止。

我问他:"你刚刚喃喃自语什么?"他笑着说:"如果没有这一招,就没有今天的我。"

实情是这样的。

"咖啡的费用是五百日元,我低声对自己说:'我有一个××生存目的,而今年有××的数字目标。为了达成目标,所以我现在要付这杯咖啡的费用。'"

我听了以后灵机一动。

"你从什么时候开始这么做的?"

"高中就开始了。"

我不由得叹了口气。真是羞愧,同时独立创业,一个已经让公司上市,一个却……原来差距在这里吗?二十多年持续这个喃喃自语的习惯,让他有了今天的成就。

◉ 驾驶金钱:改变大脑认知的方法

比如说,有个朋友拜托你:"我要去旅行几天,能请你帮忙照顾家里的小狗吗?它很乖的。"

你一口就答应了。但是那只小狗非常调皮,整个家几乎被它闹得快翻天了,让你吃尽了苦头。但总算等到朋友回来,平安地把小狗归还给他。

若是朋友再次要求:"我又要去旅行,可以再麻烦你帮我照顾小狗吗?"你还会答应吗?想必多数人再也不敢答应了吧?

也就是说，任何人都厌恶无法控制的事情。

再举一个税金方面的例子，相信你会更容易了解。交税是每个公民的义务，然而，**多数人都是心不甘情不愿地缴纳。**抱着这种心态持续交税，会发生什么事呢？

大脑的认知就会变成"钱不是自己能控制的东西"。

于是你会逐渐觉得，"钱不受控制地减少了，钱真是个麻烦的东西，还是离它远一点好了"。

这就如同"小狗无法控制，既然这样，希望小狗不要来"的想法，使你不去处理金钱。

成功让公司上市的友人，早早就发现了这个道理。

不是因为"非做不可"的义务感而做，所有的支出都是"为了自己的生存目的以及实践目标"所需要做出的策略，因此萌生出"金钱是由自己控制，我可以自行驾驭"的思想前提。

如此一来，"又能继续朝另一个目标前进"，大脑就会觉得这很有趣。

即使咖啡费的支出和生存目的没有直接关系，潜意识也会这么诠释。

因为有了"金钱由自己控制"的前提，所以就能实现"当你想要金钱，金钱就能送上门"的目标。

◉ 把"交税很痛苦"的念头去除

我原本也很讨厌交税,之前拼命苦思避税对策,想要尽可能地少缴一点税金。

但是,自从知道那名成功友人的金钱使用前提后,我再也不做勉强避税的事情了,并且还在缴税时对自己说:

"我为支持国家而付钱。"

结果,我支付的税金确实变高了,但同时营业额也快速上升,是以前的三倍还多。偶尔因为文件不齐全而去国税局时,我也会被职员追问:

"你最近到底做了什么?"

"没特别做什么,都和之前一样啊!"

"营业额不是突然上升了吗?明年结算时我会再调查一次。"

因为营业额突然增长过快,我引起了国税局的怀疑,预先提醒我要进一步调查。

税金和公共费用提供了社会与居民生活的公共服务基础设施所需要的资金支持,但人们很难认知到这对自己是正面的事情,因而容易使大脑的痛苦系统产生作用。

但是,利用"我为支持国家而付钱"的语句,为痛苦系统重新赋予意义,促成"不执行避税对策"的行为,结果也截然不同。

这让我再次深深感受到,后设无意识果然很有作用。

02 让大脑有效掌握愿望的六个步骤

如果前提不符合自己想变成的模样，只要打破并重新建立前提即可。这时候，语言能够发挥很大的力量。

"这个我已经充分了解。但是，我不清楚自己想变成什么样子。"

有这样想法的人或许不在少数。

不确认目标就无法前进，为了让人生进展更顺利，我想向读者介绍让大脑掌握心中愿望的六个步骤。

● 步骤① 列出想回避的事项

首先，从列出棘手的、想回避的问题开始。

列出你想回避的事项、不愿发生的状况。

比方说,"不想变得贫穷""不想生病"等。

这就是入口。

● 步骤②　建立与步骤①相反的目标

接着问问自己,希望有什么样的转变?

这个问题是前一个问题的反面。

不想变得贫穷→"想发大财";不想生病→"想要健康"。答案很简单。

这里的问题是:建立"想发大财"的目标,想象有钱的情况及没钱的情况。如果"希望有自信",那就反过来想一想作为前提的"没有自信"的状态。先想象"没钱""没自信"的状况,对大脑而言,也是其重要的目标。

像这样有两个截然相反的目标,称为**"双重束缚"**(Double bind),或称为**"双束"**。

但如果一直处在这种状态下,大脑就无法判断该实现哪一个目标,因而造成困扰。

但是步骤②是为了让步骤③④更顺利、故意进入双重束缚的必经之路,所以千万不要在这里结束,要往下一个步骤迈进。

◉ 步骤③ 找到模范

要从进退两难的双重束缚状态中脱身，需要具体的目标——"究竟我希望变成什么样子"。在这个步骤中，请先列出能作为你的模范的人。

在多数情况下，很多人可能找不到自己的模范。没有一个景仰的对象，是因为在资本主义制度下放弃自我价值观的缘故，所以有必要先找回自我价值观及感觉。

找到仰慕的对象，深入挖掘你仰慕这个人的什么地方、为什么想成为这样的人，来整顿后设无意识的形状。

请你通过书店、图书馆、电视、网络、与人交流对话等手段，搜寻、调查各式各样的人。

首先，你喜爱的同性艺人或名人是谁？

这个答案能够显露自己希望成为一个什么样的男性或女性。

其次，如果不分性别，你尊敬的人是谁？

经营者、政治家、文人、运动选手、亲近的人，任何人都可以。

更进一步地问问自己：那个人有什么地方令你尊敬？

随着"这个想法很吸引我""他这样的举止很有魅力"等答案的出现，你会有这样的想法："真正的我是这样的人，这才是我真正的样貌"，这正是你尚未彰显出来的真正自我。

在你思考想做什么时，或许无法立刻有想法浮上脑海，但只要一举例就能接二连三地往下联想，这就是大脑的特征。因此，希望你能先去发掘那些能成为模范的人。

◉ 步骤④　以步骤③为基础，将自己具体置换成模范人物

想象一下你所景仰的模范人物的特质、行为、思考方式，如果你也有那样的表现，会是什么感觉？就像穿上模范人物的人偶装，把自我形象与模范形象重叠起来。

"就算这么说，这种事怎么可能做得到？"当这类想法牵绊住你时，不妨依照我在第三章说明的那样，改变后设程序方向、改写记忆，让思维调整为"或许我做得到""我想试试看"。

接下来，更进一步仔细想象，如果依照模范人物的特质采取行动，十年后、二十年后会有什么样的成果？例如，办公室可能是什么样的格局？交往的朋友、家人会是什么样子？你生活在什么样的环境？你的行为举止会是什么模样？你将具备什么样的能力、信念、价值观？对自己有什么样的想法或期许？对社会有什么样的影响力？你将能看到、听到、感觉到什么？

尽量让你的想象无限扩展。

这就是"回想"你的未来记忆。

◉ 步骤⑤ 运用"更加""进而"等词汇,改变目标的呈现方式

请运用"更加""进而"等词汇,改变目标的呈现方式。

例如,"要是有这么多客户,营业额大概会变成这个数字"这句话,前提就会是"现在并非这个状况";"想变得健康",前提就会是"现在并不健康"。

由于大脑会实现目标的"前提",所以会把"现在并非这个状况"的状态转化为真。因此,把这句话改成"我本来就很健康,我要变得更加健康",前提就会从"现在很健康"起步。这个方式同样可以运用在事业或人际关系上,请借由"更加""进而"等词汇来扩展你的目标。

像这样发展你希望实现的目标,就能形塑更好的形状。

◉ 步骤⑥　行为表现得像是已经达成了目标

大脑会依据身体的言行举止而形成信念。

因此，请你拟出一个理想中的模范所要做的行为日程表。

把日程表以数分钟为单位切割，想象在这个人面前要如何做，才变成对方的模样，接下来只需要照表"上课"就好。为了做到这一点，步骤⑤的想象要具体而详细。

行为的次数越多，大脑看到这些行为就越容易坚信"我就是这样的人""我以往的想法错了，我要换个思维"。

然后，大脑就会对身体的其他部位下指示："因为我是这样的人，大家也要互相帮忙呀！"如此一来，相信你的体内就能留下"我比较适合这个模样"的基因。

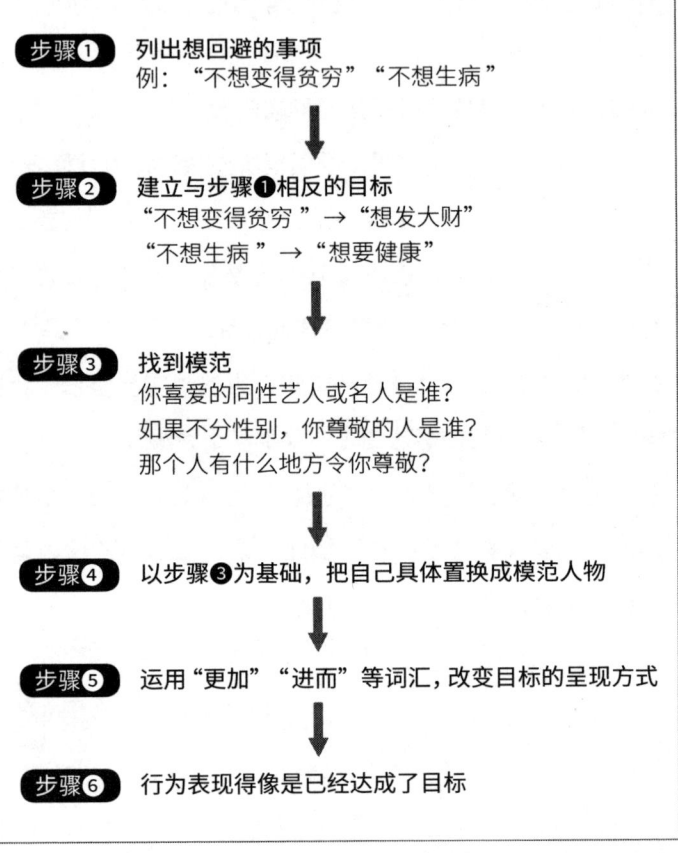

图 12　让大脑有效掌握愿望的六个步骤

03 如果让意识方向一致，就能产生意想不到的爆发力

人们企图完成某件事的时候，许多不同的意识会互相合作以达成目的。

举例来说，当要开车前往某个目的地时，以下各种意识会相互合作，做出"开车"的行为，完成"到达目的地"的目标。

① 面向行进方向的意识
② 通过后视镜确认后方的意识
③ 确认车外左右侧情况的意识
④ 踩下油门的意识
⑤ 踩下刹车的意识
⑥（副驾驶座有人时）和对方交谈的意识
⑦（播放音乐时）聆听音乐的意识
⑧ 边开车边思考某些事的意识

但是，如果这些不同意识没有彼此合作，而是各自为政，会变成什么状况？

例如，通过后视镜确认后方的意识认为"总是盯着后面好讨厌，今天想要看前面"，或是踩刹车的意识认为"平时从来没有安慰过我，我心情很不好，我今天不要踩刹车"，等等。如果某个意识认为"我要去东边"，而其他意识却出现"我想去西边"的情况，即当各个意识的意向或目的无法同心协力而各自为政时，那么别提要往前进了，甚至还很可能发生危险事故。

一般人之所以无法取得出色的成就，理由与前述情况相似，是因为形成人格的各意识层面之间方向不一致。相反，若是能有效整合后设无意识、统一意识的方向，让各个意识都能同心协力，结果会怎么样呢？

因各意识结合而形成强大的爆发力，很有可能取得出人意料的优秀成果。

那么，为了在那些要达成的事项上发挥强劲的爆发力，要如何统一各个不同的意识，使其行动方向一致、同心协力合作呢？

◉ "自我意象"定义你的存在

图 13 的思维逻辑层次（Neuro-logical Level）是 NLP（神经

语言程序学）的一个概念。

这是理解"我是一个什么样的人"的"自我意象"结构，也可以说是驱动人类发展的人格结构模式。

我们若把各式各样的后设无意识类型作为横轴，把思维逻辑层次作为纵轴，"我是个什么样的人"的自我意象（人格）形成的意识，就能调整成一致的方向。

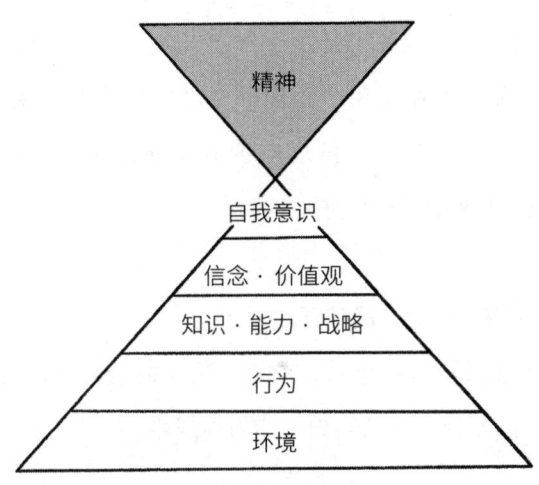

图13　思维逻辑层次

◎ **精神层次**

我希望为超越自己的存在（土地、社会、世界等）带来什么样的价值呢？与大自然、宇宙相联结，有如庞大系统中一部分的感觉层次。

◎ 自我意识层次

为了给超越自我的存在带来想象中的价值,我赋予自己什么样的身份呢?我要如何去认识我自己才有效果?这是意识个人存在理由和肩负使命的层次。

◎ 信念·价值观层次

为了配合上述想象中存在的自己,要重视什么样的想法、前提、信念才有效果?信念与价值观的存在,也是为了解答"为什么达成这个目标很重要"。

◎ 知识·能力·战略层次

为了在重视这些想法、前提、信念的情况下,同时达成这个目标,需要什么样的知识、能力与战略?

◎ 行为层次

为了达成目标,具体来说,要在什么样的情况下,展开什么样的行动,表现出什么样的言行?

◎ 环境层次

为了达成目标，我们应该置身在什么样的环境中？如何解释、认识自己所处的环境？又该建立什么样的人际关系呢？

⊙ 为了加速达成目标，驾驭自我意象

比方说，在精神层次中，我们若是不清楚自己想要为社会、世界带来什么样的价值，在自我意识层次认识到的就会是"我毫无价值""我没有能力"，导致形成以下的无意识过程。

① 在信念、价值观层次中，大脑会创造出以下前提："因为我是个毫无价值、没有能力的人，所以我不能展现出色的成果。为了不展现任何成果，还是以不变应万变好了，反正世上的事多半都无法如愿以偿，什么都不做比较安全。"

↓

② 于是思考对策——"为了不展现任何成果，就必须学会根本派不上用场的知识才行，假装出努力的样子，得过且过就好"。

↓

③ 做一些不会有结果的无谓行动，然后说着"就算努力也

没办法顺利呢",表现出不中用的自己。

↓

④ 开始制造出让自己碌碌无为的环境和人际关系,"因为我是毫无价值又没有能力的人,所以我一定要找愿意雇用我这种人的黑心企业""因为我是毫无价值又没有能力的人,所以我一定要找愿意和我交往的'渣男'"。设法让自己置身在被评价为"这家伙工作能力真差""这个人真无能"的人际关系或环境中。

就像这样,被设定了背景的后设无意识,以及设定了思考模式的逻辑层次,会在你毫不自觉的情况下,完美地实现你的想象。

于是,这就与表层显意识的渴望产生出严重的矛盾,例如"做很棒的工作,拿出良好的成果""和很有魅力的人交往"等,以致产生"总觉得事情进行得不太顺利"的想法与窘境。

所以,你再次试图鼓起干劲,告诉自己:"我一定要相信,绝对可以顺利!""是我努力不够!"

但你不觉得这样很没效率吗?

若是想让人生走起来更顺利,不妨把思维逻辑的各个层级有效地和后设无意识搭配,将思维逻辑层次的方向调整一致,这才是最有效的快捷方式。

统一思维逻辑层次的实例

◎ **精神层次**

目的是让世界上的人们察觉"人可以变得自由"。

↓

◎ **自我意识层次**

我除了体现"人是自由的",同时也是一个能让其他人察觉到"人可以变得自由"的存在。

↓

◎ **信念·价值观层次**

生活的现实,是自己的意识投射而创建形成的,只会发生必要的事情,而如何去解释现实,是个人拥有的自由。

↓

◎ **知识·能力·战略层次**

一天找出十件让自己感受到"果然,人是自由的"的事情,然后把生活中发生的现实情况,全部按"自我究责型""未来标准型"来分析,每天检视自己的后设无意识,自由地随心所愿地塑造成有效思考的"形状"。

↓

◎ **行为层次**

每天和身边的人聊一聊,或通过社群网站分享生活进展

——自从以"自我究责型"与"未来标准型"来分析每天所见所闻后,我所经历的小故事、周遭发生的现实,印证了"果然,人是自由的",并分享乐趣与效果。

↓

◎ 环境层次

有许多想重获自由的客户,接二连三地来找我咨询,和我的生存方式有共鸣的人持续增加,社群网站的口口相传效应不断扩大。

就像这样,请搭配第三章介绍的"心想事成者的十四种成功脑类型",来形成符合自我目标的后设无意识的模式。

上一节解说的"让大脑有效掌握愿望的六个步骤",与思维逻辑层次的整合也很有效果,建议大家不妨对照来看。

⦿ NASA 镭射光可以到达月球的原因

人类或物质都由分子组成,分子则由原子组成。

而原子的结构,又是由原子核及电子组成的。所谓电流,是由那些挣脱原子核束缚的自由电子移动而发生的。

东京、纽约都是夜晚灯景华丽炫目的城市,耗电量动辄高达几百万瓦。在纽约夜晚犹如白昼般明亮的霓虹灯，从月球上眺望仍不见一丝亮光。即使已消耗几百万瓦，光线还是无法到达月球。

据说NASA有机器能测量从月球到地球的距离。从地球向在月球表面设置的镜子发射出镭射光，借由计算镭射光返回的时间，能以十厘米为单位，测量出地球和月球之间的距离。

换句话说，虽然像曼哈顿、歌舞伎町这些繁华地区的灯光无法到达月球，但镭射光可以到达月球。

你知道镭射光有几瓦吗？

相较于大都会几百万瓦的灯光，NASA的镭射光只有十五瓦，比日光灯管的能耗还低。

那么，究竟是怎么回事呢？

像日光灯、霓虹灯等市区的光亮，由于电子前进方向分散，所以无法照射得很远；然而，镭射光的电子则全部朝同一方向，所以能到达很远的地方。

就像日本战国时代的大名毛利元三支箭的故事一样，一支箭能被轻易折断，三支箭就会变得相当坚固。电子也是一样，如果方向不同，即使十分明亮也无法汇集形成强光，但如果方向集中一致，其光亮甚至能到达月球。

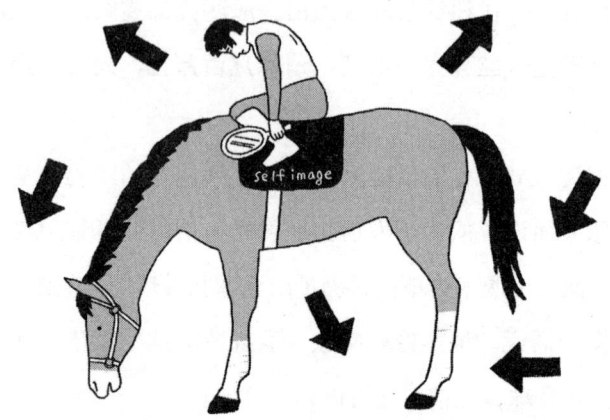

思维逻辑层次的方向分散,无法展现马力的状态。

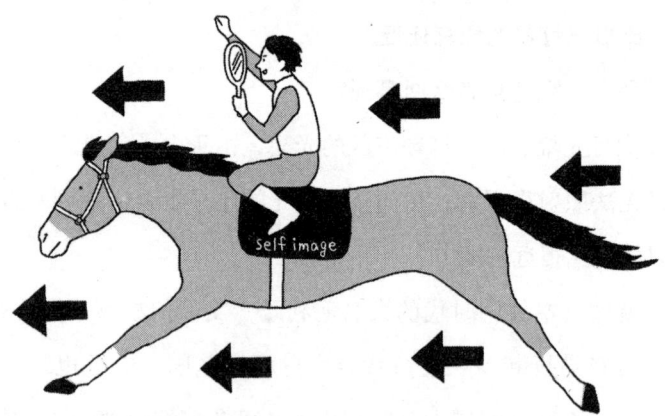

思维逻辑层次的方向一致,发挥惊人的马力。

图 14　如果让思维逻辑层次统一……

即使是同样的自我意象,只要能把自己的环境层次、行为层次、能力层次、信念及价值观层次、自我意识层次、精神层次统一,集中于同一方向,哪怕微小的力量,也能如同镭射光一般,发挥出惊人的爆发力。

04 错误"信念"形成的过程

日本大学曾进行过这样的实验。

实验集合十个人,每五个人分为一组。

给第一组的指示是"举出五个觉得自己很棒的地方"。学生虽然困惑,却在一两分钟内,都列出了五个"我这个地方很棒"的特质。

接着问他们:"你们认为自己是什么样的人?"学生的回答大致是"觉得自己是个还不错的人"等正面的自我意象。

相比之下,第二组则是被要求"举出三十个觉得自己很棒的地方"。结果,学生们都只能举出几个个人优点,无法一口气列举出三十个。之后同样询问他们:"你们认为自己是什么样的人?"结果学生的回答大致是"觉得自己很没用,是个饭桶"等负面的自我意象。

◉ 对于"立刻能想到的事项",大脑会判断这是正确的

该大学似乎并未发现这个实验真正的价值,我却看到这个实验证明了某件重要的事项。

那就是"信念"形成的过程。

第一组人被要求在一两分钟内列出自己的优点。如果只要举出五个优点,那么一般人立刻就能想出来。但第二组人却无法立刻想出三十个优点。

大脑会判断"立刻就能想出来的事情"是正确的。相反,对于无法立刻想出来的事情,大脑则会判断是错误的,结果就改变了自我意象。

也就是说,信念的形成与内容无关,而与想起来的速度有关。

关键在于,你是否能迅速地想起来。

因此,我认为,在适当的目的之下,应有大量行动,而且这些行动必须是合适的后设无意识类型组合。当有大量行动时,我们就会认为自己就是这样的人,所以采取这样的行动。对于昨天及前天都采取了的行动,我们就能够立刻回想起来,"我是一个会有效采取后设无意识行动的人",这样的自我意象就能扎根。因此,我们需要频繁采取行动。

当我们重新回顾大量行为（或语言）时，就能和后设无意识结合。

对于那些在事业上陷入困境或生病的人，我要求他们做的事情就是回顾自身一整天的行为，例如"今天做了什么"，以及"基于什么意图而采取这些行动"。以业务员来说，就像写工作日志。

在列出个人言行举止的意图后，我们就能发现他们多数属于问题回避型、他人标准型等类型组合，这时，可以再针对类型调整其中的偏差。

再次确认过去使用的后设无意识类型，将其调整为有效的类型组合，如"问题回避型→目的导向型""程序型→选项型""他人标准型→自我标准型"等，我们便可以在下一次机会来临时，采取正确的行动。

 **05** 负面思考策略：把一切变成"预料之内"

当外界发生"未知的事""危险的事""意外事故"等预料之外的事时，大脑负责保存、管理记忆，管理压力的**海马体**（hippocampus），会分泌俗称**压力荷尔蒙的皮质醇**（cortisol）。

接着，因外部事件的刺激，大脑的海马体开始从记忆中搜寻"有没有应对这些未知、危险或意外事件的方法"。

这时，处理痛苦信息的大脑神经网络**"痛苦系统"**会发生作用，让感觉压力的荷尔蒙物质在体内分泌，使身体进入**"危机回避模式"**。

这个状态就是所谓"有压力"的状态。

当海马体找到应对方法后，大脑会判断"这么做可以过关"，于是危机回避模式退去，痛苦系统也会停止作用。

⊛ 调整海马体，就能阻止负面循环

但是，如果你找不到应对方法，大脑就会判断"这过不了关"，一旦再次觉察到危机，大脑就会陷入以下的循环：

持续分泌更多皮质醇
↓
大脑的"海马体"持续萎靡不振
↓
记忆难以更新
↓
大脑"痛苦系统"持续作用
↓
体内持续分泌感受压力的荷尔蒙
↓
身体持续进入"危机回避模式"

如果长期持续这个状态，不但工作无法顺利进行，就连人际关系不佳、不断生病等负面状况也会接踵而来。

那么，我们要如何阻止这样的负面循环呢？

首先，在还有余地时，要先想到"要是发生这种状况，就

这么应对吧"，借此学习如何掌控不希望发生的事情，重新审视后设无意识类型的组合，让海马体有学习的机会。

先调整好海马体的状态，这么一来，即使海马体分泌皮质醇，也不至于因此萎靡不振。

也就是说，要让大脑进行"新陈代谢"，才会有效果。

我把这个做法称为"负面思考策略"。

美国前总统特朗普同时也是一位不动产大亨。

"当我投资不动产时，我会先列出要是投资失败了会有什么样的损失，全面确认各种可能的风险。然后再彻底思考应对策略，要以哪一项利润填补金钱损失、如何应对商誉损失等。如果评估损益无法抵消，就不去投资，这是我的原则。"

虽然他也历经了很多失败，但最终仍成为不动产大亨。

这无疑是"面对负面价值（或风险），以面对取代回避"的负面思考策略。

◉ "活力门"也在实践的负面思考策略

我认为日本"活力门"（Livedoor）的前社长堀江贵文也曾

使用过这个策略。

堀江贵文在违反证交法而遭逮捕前，常对采访者表示："这在我的预期之内。"也就是说，他已经彻底想象过一切"或许会发生这样的事情吧"的状况。因此，无论是被逮捕坐牢，还是出狱回归社会，他都能够不畏挫折地勇往直前。

使用有效的后设无意识类型，拟定负面思考策略，习惯这样的模式，不论对事业还是对健康都很重要。这有助于强化正面思维，使人不再深陷失败、负面的泥沼。

06 潜意识会用快捷方式实现你的想法

◉ 想法太过轻易实现的结果……

在拿破仑·希尔（Napoleon Hill）的《思考致富》（*Think and Grow Rich*）风行时期，坊间举办了许多研习活动。

其中一个参加者只是单纯地想象整叠整叠的钞票。后来他发生交通事故，获得保险理赔，现金入袋的想法居然这样实现了。

另外一个参加者则是把堆积的现金照片设定成电脑的待机画面。我问他："这么做不是很危险吗？"对方回答我："这是研习时他们教我的。"

结果发生了什么事呢？

他住在日本外县市的郊区，院子里有家用焚化炉，用来燃烧枯叶、垃圾，结果家里年幼的孩子跑到院子里，抱住正在燃烧的焚化炉，被严重烧伤，他因此获得了一大笔理赔金。

这说起来十分骇人听闻，但却真有其事。

◉ 潜意识很单纯，所以更需要谨慎

只要真心渴望，金钱确实就能到手。

但是，因为潜意识很单纯，所以会使用快捷方式，以快速的方式达成心愿。

如果只是想着"我要赚这么多钱"，却没有给予方向，如"要以这样的工作，通过这种方式赚钱"，那么潜意识解读的信息就变成"要钱是吗？那就拿吧"，从你并不期盼的方向去获得，这其实很危险。

生病可以说是最常见的例子。

内心想的明明是"好想休息"，潜意识却变成"想休息是吗？那就得个感冒吧"，让你的想法成真。

在我刚开始创业时，也是每天拼命想工作，结果收到超多订单，其中也有不想做的工作。

结果发生在我身上的状况是肾结石，痛起来实在很要命，然后是尿道结石、大肠息肉，导致我被迫住院。我只好向客户逐一表示："抱歉，因为这样的状况……"接着我不得不推掉工作，或延长期限，以获得休息。

客户们听到我住院，也不便谴责我。

不过我却发现，这不但给对方添了麻烦，更失去了自己的信用。

后来我改变想法，不再是来者不拒地接工作，而是清楚地订立标准，"只接受符合自身生存目的的工作""不符合生存目的的工作就不接"，后来病也痊愈了。

07 遵守和潜意识的约定

当工作繁忙时，人很容易无法得到充分休息。尽管身心需要适度休息，但我们总会过度鞭策自己——"现在不是休息的时候""不做不行"。

这时候，重要的是和潜意识商量："现在是关键时刻，请协助我！等任务告一段落时，我会好好休息。"

如果不遵守约定，真的会发生严重后果。比如说，会出现突然闪到腰之类的状况。潜意识的做法是，只要你提出请求，它就会为你采取行动。因此，要是你没遵守约定，潜意识就会有所反应，"大概是忘了说要休息吧，既然这样，那就让你不能动好了"，强制要你休息。

不遵守和潜意识的约定是很危险的。

◉ 破坏约定，潜意识会直接照单全收

如果破坏了约定，潜意识只是表现在身体状况上，那还算是小事。

一旦持续破坏约定，意识的指示系统将会手忙脚乱。

例如，父亲和小孩约定："如果下次考满分，我就带你去那个你很想玩的主题公园！"孩子因此很努力地考了满分。

但父亲却说："抱歉，最近很忙。"没有带小孩去主题公园。

接着父亲又跟小孩约定："下次考满分，我就买你想要的游戏机给你。"孩子又努力读书考了满分。但父亲却表示："对不起，我的钱用完了。"没有履行承诺买游戏机给孩子。

当下次父亲又说"下次考试满分的话……"，小孩学习到"反正都在骗人，考满分也无法实现愿望"。

潜意识很单纯、肯定地接受一切。一旦持续破坏和潜意识的约定，潜意识就会诠释为："说好要做的事情，我不去做也可以，对吧？"因此即使设立目标，也会踩住刹车，"说好要做的事，也可以不做"，关键时刻也不会听你的。

应当持续遵守和潜意识的每个约定。

决定要做的事就好好去做，潜意识就会回应你，"我一定要给予协助"。日积月累的结果就是，潜意识能成为你强大的伙伴。

潜意识君

图15 不可以破坏和潜意识的约定

08 重写记忆

日本朝日电视台有个节目叫作《那家伙现在在干什么？》。

主题是艺人翻看学生时代的毕业相簿，回忆往事，说出"这个人当时做了这样一件事"，然后节目的工作人员根据这个记忆，找到当事人确认"是否真有这样一件事"。

然而，很多当事人却表示，"没这件事吧""绝对没这回事""应该是他记错了吧"，这种状况屡见不鲜。

这证明我们的记忆其实很不可靠，不是吗？

◉ 灵活运用大脑随需要扭转记忆的特性

不能说好也不能说坏，人们就是会受记忆摆布。当眼前出现一只狗，被狗咬过的记忆开始苏醒，人的反应就会是"哇！是狗，好可怕"；如果苏醒的是和狗狗一起玩耍的记忆，反应就会是"啊！是狗狗，真可爱"。

然而，大脑会视需要而扭转记忆。

而且不论记忆是真是假，和大脑都没有关系。

因此，当记忆不符合需要时，不妨重新调整就好——"咦？等等，其实我记得应该是这样吧？"

而且，就算是脱离现实的内容也没关系。

对于遭到父母虐待的学员们，我在研习中常用的方法是，让学员想象童年的自己变成身高三百米的巨人。这么一来，虐待自己的父母站在变成巨人的自己的脚边，看起来就好像正在拍打自己的脚趾。

"你有什么感觉？"

"只觉得像在搔痒。"

"好，现在对他说'不要烦我'，用手指把父亲拎起来，放到一边去。"

我要求学员一边想象一边演出来，于是他们会说："我有我想做的事，不要妨碍我！"他们的生活开始有所改善，他们也逐渐往自己的人生路上迈进。

即使有人以常理思考，认为"设定太荒谬了"，也没关系。

曾经有个人对我说："我和上司关系很差，好想辞职。"追问之下，他说上司发脾气的时候，自己完全不敢反驳，非常痛苦。

"你以前也有过和别人处不来的状况吗？"
"经常会有这种状况。"
"和别人处不来，和什么记忆有关呢？"
"这么说来，小时候我曾经被霸凌。"
因为一直停留在"被霸凌"的记忆中，所以才对自己的人生造成了伤害。因此我修改了他的这段记忆，当时他的正义伙伴是假面超人。

"那么，由我扮演假面超人，我们重回当时的状况。你在被霸凌的公园，把那些欺负你的小孩叫出来。我们来重现当时被霸凌的情境。"

我们想象的场景是：刚开始他虽然被霸凌，但中途他变得力大无穷，而我则以假面超人的角色出现，两人共同反击。

同时，后设无意识因此产生以下的结构变化：从老是被欺负的反映分析型转为主体行动型；从躲避讨厌事项的问题回避型转为"以这个目的反击"的目的导向型；从"发生了令人讨厌的事"的悲观标准型，转变成乐观标准型。我通过这样的方式改写他的记忆。实际上,我请对方重复了三四次这个假想的场景,去创造崭新类型的后设无意识记忆。

结果发生了什么改变呢?

这个员工其实就在我担任董事的公司上班,结果他成功地反驳了上司,而且也没有辞职。

他通过重现的演练改变了现实生活的流程。

我们可以像这样,不断找出那些会扯后腿的记忆,重新改写,然后只需要根据现实情况来调整就可以了。

09 小心半吊子的心理疗法

"重写记忆"并不是什么罕见的心理技巧。但是，没有充分了解大脑的结构，贸然进行半吊子的心理疗法，从而招来痛苦的结果我也时有所闻。

◉ 极端危险的"内在小孩治疗法"

对于来参加研习的人，我都会先了解一下他们之前曾接受过什么样的心灵治疗或心理咨询，女性中接受过**"内在小孩治疗法"**（Inner Child Therapy）的人比较多。

因为我不太熟悉，所以询问他们究竟是什么样的疗法，举例来说，就是让人想象呼唤出自己内在尚未被妥善照顾的小孩，然后给予赞美、抚慰、重新教育，再让内在小孩回去。

其中一位女性表示，她在家里也尝试呼唤出内在小孩，但是，"每当试着这么做，就觉得好想吐"。我对她说："这样很危险，暂时先不要这么做。"

这种疗法不太妥当的一点，就是它是以"内在没被妥善照顾的自己＝坏东西"为前提进行的，把前提视作坏事。

这是身体型（physical）的无意识类型，深信存在着没被妥善照顾的自己。

也有人以类似的方法，接受所谓的前世疗法，例如"我在这一世，一定要赎罪才行"。虽然不知道是谁对他们灌输这样的想法，但这些人深信不疑。因为这样的疗法很容易模仿，所以很多人只是稍微学到皮毛就开始教授，或许这就是形成这个状况的原因。

◉ 无视大脑单纯结构的心理疗法

据说在心理咨询中，对于遭受性虐待或性侵害者，重写记忆是很普遍的疗法。

其中有人被指导，在想象之际，"随便你想把加害者煮了或烧死都没关系"，对加害者施以点火燃烧或践踏击溃的想象，重新改写记忆。

但是，我时常在研讨会上遇到被害者，他们因记忆改写而出现二次伤害。"你不舒服的原因就是这个啊，这很危险，快点停止吧！"

大脑有单纯的地方，当其想象着燃烧男性或击垮男性时，就会形成"男性是会危害自己、令人厌恶的存在"的前提，导致夫妻关系、恋人关系因此变得奇怪、出现隔阂。

对于这样的被害者，我的做法则是，请他们把自己变成巨人，把脚边几乎看不清的加害者捏起来，说着"碍事，走开"，将之抛到一边，或者说"我有我想做的事，我没空理你"，让受害者跨过心理障碍往前进。

今后，或许接受心理治疗的人也有必要学会有关无意识结构的正确知识。另外，将大脑程序设定成有效的后设无意识，也是非常重要的。

 # 10 致富脑秘诀：设定高效回报的价值标准

所谓价值标准，是不论工作或家庭，重视自己的抽象价值，而后采取行动的后设无意识指标。

比如说，当你想知道自己在工作上是按照什么样的价值标准而行动时，就写下任何自己所想到的价值观，如信用、利益、喜悦等等，大约写出五到十个就够了。

把这些价值观写在便利贴上，就会知道它们目前在你心中的排序。要调整价值标准，就重新排序或替换适合的价值标准。

人们会在价值标准高的事项上花费更多的时间和精力。即使想要钱，但若是价值标准高的事项无法使人获得金钱，人们也不会在赚钱的事项中耗费精力，只会消极地等待钱进入口袋。

价值标准和投入程度有关。想解决问题，想达成心愿，若是价值标准不符合这些愿望，就有必要调整。

◉ 成功者的价值标准及其因果关系

因为我对创业者的价值标准很感兴趣，所以有时会向成功人士请教他们的价值标准。

我曾遇到过某位让公司成功上市的创业者。我心想，他的金钱优先顺位一定很高，但一问之下才发现，他的排序一是"信赖"，二是"贡献"，三是"成长"。公司这么赚钱，金钱却没有排在重要的位置上，也未免太不可思议了。

一开始我很疑惑，但仔细请教后，我终于了解了。

一切的价值观之间都互相有关联。

信念是基于"因果关系"形成的。比方说，就如同相信癌症（原因）会导致死亡（结果）之间的因果关系。

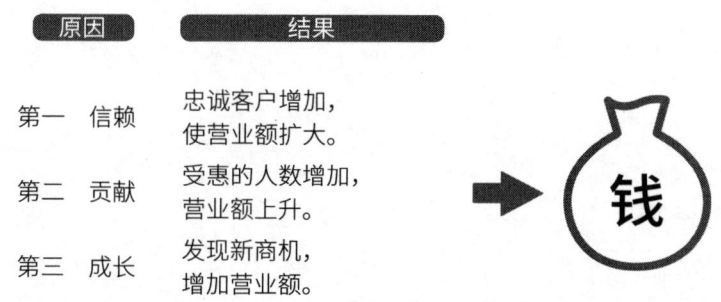

图 16　成功者的价值标准及其因果关系

他为价值观建立了如下的因果关系。

重视居第一位的"信赖",忠诚客户就会增加,营业额也会扩大;重视居第二位的"贡献",对社会做出一定的贡献,受惠的人数增加,也会使营业额上升;重视居第三位的"成长",能带来新商机与新的发现,从而增加营业额。

就像这样,他不论做什么,都能够建立起归结到营业额(钱)的因果关系。

听了以后,我恍然大悟:"使用了这种做法,难怪财源滚滚而来!"

 11 "自信、感觉都操之在己"

◉ 把"总觉得"数据化的方法

无论工作或其他事情,我认为并不是非有自信不可。

希望有自信,事后再建立也没关系。

比方说,其实控制"确信程度"是有方法的。

以工作来说,你可以首先问自己:"今天商谈顺利的概率大约有多少?"这时可能会得到一个笼统的数字,"大概30%"或"大概70%吧"。

这时候,再进一步确认得出这个数字的根据:"为什么是30%呢?""为什么是70%呢?"进一步探究的话,你应该就会得到某些理由,接着要掌握住这些理由。

然后,当确信程度是70%的时候,就像调整计算机的亮度一样,你可以把确信程度故意降到30%左右。

这么一来，你会有什么感觉呢？

"总觉得今天的工作好像不会太顺利，那么，就提高到90%好了。而这样会有什么感觉呢？应该就会觉得可以平顺地度过了吧？"

就像这样，设定成完全适合自己的确信程度就可以了。在商务场合，大约需要80%～95%的确信程度。而当期望疾病痊愈时，如果90%以上的确信程度对你来说过高了，那么设置在70%～80%区间内也许就很合适。

一般人常习惯说"总觉得没自信""总觉得似乎不会顺利"，不时受到"总觉得……"的左右。

如果把"总觉得"数据化，就能加以控制。

习惯这么做以后，就能萌生"所有的感觉都操之在己"的思想前提，就能依自己想要的确信程度去控制。

对于生病的人，我也建议他们尝试用同样的方法。每天早上起来就问自己："我觉得自己的病痊愈的机会大概有多少？"

一直无法痊愈的人，有确信程度较低的倾向。

然后我便问对方："为什么你会认为是30%呢？"对方回答："是医生说的。""那就是原因。你试着把百分比往上或往下调整看看。"然后我要求对方每天早、中、晚都自行确认，"要定在多少百分比呢？"结果他的病情果然好转了。

工作和疾病都是相同的原理。现在的确信程度大概到哪里

了？有什么根据？是因为有这样的执念吗？既然这样，那就把确信程度上下调整看看。只要这么做了，感受就会改变。

这就是控制后设无意识领域中理解信息的容器。不是去改变"相信什么"的内容，而只是改变确信程度。从"我觉得好像不可能"改变成"我觉得好像做得到"。重要的是，练习把"总觉得"的感受，由悲观标准型调整为乐观标准型。

12 要实现愿望就把"加油""努力""以……为目标"当禁忌

让我们做个小小的实验。

① 首先,准备好一支笔放在面前。
② 接着拿起这支笔。
③ 接着请你"加油"把笔拿起来。
④ 然后请你"努力"把笔拿起来。
⑤ 最后请你"以设法拿起笔为目标"。

这里从③到⑤拿起笔的动作,其实和"加油""努力""定目标"扯不上关系。试图拿起笔和"加油""努力""定目标",与实际上"拿起笔"是两回事。

换句话说,"加油""努力""定目标"和"拿起笔"毫无关系。
加油、努力、定目标属于做人型的行动价值,以及把目的焦点放在加油、努力、定目标的**体验标准型**。然而，由于加油、努力、定目标都无法成为目的，所以做起来当然无法顺利。

相对地，把焦点放在"拿起笔"上则属于**做事型**的行动价值，也是**目的标准型**，所以相对容易达成结果。

让小孩子参加模拟考，立刻就会发现这个道理。

模拟考能考到满分，却在正式考试中不及格而落榜，这就是没有把焦点放在"拿起笔"上的缘故。"加油""努力""定目标"和实现愿望完全是两回事。由此可知，一味**要求孩子"加油""努力""定目标"，并无法让孩子达成愿望与目标**。

只要将后设无意识转换成做事型、目的标准型，就能把笔拿起来。

其实成功与否，就在于这一念之差而已。

# 13 心想事成的咒语——辞藻和魔法是同样的东西

很多人应该都知道,欧洲在中世纪曾发生过猎巫行动。其实,日本江户时代也曾发生过类似猎巫的事件。

所谓猎巫,就是对使用巫术的男女予以审判或施以刑罚,甚至加以凌迟等。

当时,人们认为,如果把魔法师放逐,地方或政府可能会被魔法师取而代之,所以才会出于恐惧而把所有可疑的人集中在一起,进行审判或处刑。

心理学家西格蒙德·弗洛伊德(Sigmund Freud)因为对于"魔法师究竟是什么样的人"感兴趣,因而进行研究。

而后他发表了如下的见解。

"辞藻和魔法是同样的东西"。

换句话说,魔法师就是懂得如何使用言语的人。

若以我的观点做更进一步的说明，我认为魔法师就是懂得驾驭后设无意识语言使用方法的人。

直接以言语指示人们的行动，人们未必会依指示而动。但是，通过隐喻或故事的暗示，让人们产生自主决定的感受，"我要让自己发热发光""是因为我想做，我才做的"，良好的信念就能深植脑海并使人付诸行动。

讲述民间故事或宗教传道等，也是通过故事让大脑学习的一种形式。

在商场上或教育新人时，不妨巧妙运用譬喻或故事，改变对方的后设无意识类型。

14 洞悉对方的脑内策略，就能主宰局势

◉ 心想事成者与事与愿违者的脑内策略差异

每个人用脑都有自己的习惯，即做某件事就以某个顺序处理信息的"脑内策略"。

比如说，有些人属于"无法整理症候群"，有些人则擅长收拾整理。

属于"无法整理症候群"的人，首先听到的是内在发出的**义务型**的行动前提独白，"不整理不行……"，接着以**体验标准型**把焦点放在要做的事项上，"先收拾这里，然后打开吸尘器清洁地板……"，想了两三件事后开始觉得麻烦，突然想起还有其他要做的事，"对了，我还有其他要做的事"，于是陷入后悔自责，"我这次又没做整理工作"。

相对地，擅长整理的人的行动前提则是进行**欲求型**的内在

对话,"来打扫吧"先想象打扫完毕后的样子,以及打扫后的舒适感。这是**目的标准型**。接着进行欲求型的内在对话,"好,那就来打扫吧",然后再从容地采取行动,重新体会,"真好,和想象中一样畅快"。

心想事成者与事与愿违者,就是有这样的脑内策略差异。

◉ 善用脑内策略,巧妙赢得主导权

人们在购买高价商品时,大脑也会进行相同的判断流程。

首先想象某件事物,进行某种内在对话,决定是否要向他人寻求信息,是否确认身体的感觉等。

当人开始运用某个类型思考时,就进入了购买高价商品的思维流程;若是不符合类型,就会觉得"好像不太对劲",因而决定不买。

如果你想销售高价商品,首先要通过闲聊,若无其事地发现对方的脑内策略。

"社长,最近买了什么高价的东西吗?"先试探一下对方,试试水温。

"原来如此。那个虽然很贵,却很棒耶。"巧妙地顺水推舟,发现对方的脑内策略。

"请教一下,您买下那样东西时,是参考了什么样的信息?"
"有跟谁商量吗?"
"当时想到的是什么样的话呢?"
"原来如此。"

像这样一边提问一边做笔记,探测对方的脑内策略。

当进行商业谈判时,我们可以配合分析建档的后设无意识类型,与对方进行谈话,巧妙掌握主导权或进行信息搜集。

如果能了解脑内策略,我们在教育新人时,便能了解"以这个方式激励,这个新人就会有干劲""这个新人很适合这样的作业方式"等具有显著成效的带人策略。

图17　发现脑内策略

15 不知不觉改变他人后设无意识的话术

在本章的最后,我要偷偷教你改变对方后设无意识的方法。

有能力去改变自我的意识前提,也就意味着有可能去改变他人的意识前提。在商场或教育新人时,若是能够改变他人的后设无意识,就容易达到你所预想的结果。

● 改变对方后设无意识的基本对话方式

最基本的是"同步→同步→引导"。所谓的同步(pacing),是迎合对方的步调,而引导(leading)则是把对方带领到你期望的方向。

① 使用与对方相同的无意识类型的语言给予肯定(同步)。

② 以"然后"来接续话题。
③ 使用与对方相同的无意识类型的语言给予肯定（同步）。
④ 以"然后"来接续话题。
⑤ 伺机加入新类型的言语（引导）。

有一次，某个"希望脱离贫困"的人来找我商量。
当时的谈话大概如下：

"确实，贫穷真的很讨厌呢。想买的东西不能买，很多事都必须忍耐，你很痛苦对吧？"①
"然后，"②
"没钱对未来也会感到焦虑。"③
"然后，"④
"你认为一个月需要多少收入，才算在经济上充裕？"⑤

这是从一开始的"想避免贫困"的问题回避型，转换为"想要多少收入"的目的导向型。

同时，把原本焦点放在"想避免经济上的焦虑"终点之前的"做人型"，转换为"感受到经济上充裕"终点之后的"做事型"。

"旧的语言类型→旧的语言类型→新的语言类型"，惯用的语言持续两次，大脑就会轻忽；当在第三次加入了大脑还不习惯的语言类型时，虽然一开始大脑会有点困惑，但最终还是会照单全收。

个中关键是，我不只是单向输入新的语言类型，而是设法让对方再次输出新的语言类型，促使对方自行思考后说出答案。对方为了说出答案，就一定要从内在改变过滤器的形状。通过这种方式，让对方习惯新的类型。

05
第 五 章

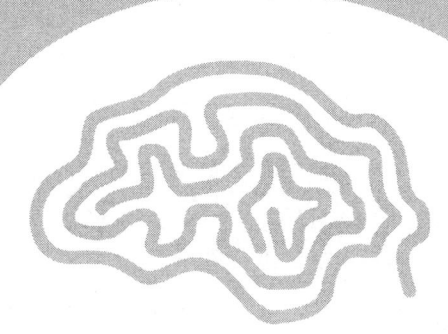

控制你人生的"语言行为"和"思维模式"

01 编辑以自己为名的辞典

语言能改变大脑，也能改变你的人生。

不论事业或健康，依循"背景（后设无意识）中的想法"，现实将有所改变，其中如何将事物语言化是一大关键。

根据我最新的研究，在一般人认为是常识的事物中，有着很明显的陷阱。

"是因为什么样的信念，以致无法过着心想事成的人生呢？"
"要怎么做才能挣脱这样的陷阱呢？"

以下说明其中一部分。

我们都会追求人生中的自由、爱、幸福、成功与丰饶。但是，若是定义弄错了，就无法获得想要的结果。自己究竟在人生中打算做什么？这决定了自由、爱、幸福的形状。

我们有必要重新定义以"自己"为名的辞典。

⦿ 重新定义"自由"

很多人都会有这样的想法——

想要自由，但是一旦自由，会被别人说任性、以自我为中心，或是被讨厌而导致行事不顺利，因此无法真正实现自由。

究竟"自由"是什么呢？

字典上写着**"没有受到束缚"**。

虽然这个解释并没有错，但使用的语法却是否定句式，而且还是被动的，属于回避问题型。像这样一旦弄错了词汇的定义，就永远都无法感受到自由。

我认为，所谓的自由，就是不论任何人说什么，都能不受限制尽情地去做想做的事。

为了自己能够自由，也有必要让别人自由。我是我，对方是对方，这才是获得自由的重要方法之一。

并且，面对过去身边所发生的事，能以有效的后设无意识类型，再次评价过去所发生的事，例如，"这是为何形成的呢"（乐观标准型＋未来标准型）、"这是我自己造成的"（自我究责型）、"我从这件事中获得什么"（目的导向型）等，让自己去感觉"过去在我身边所发生的事情,是基于我的想法、意志、意图和动机而做的"。

根据这个做法,把种种思考抽象化的无意识,以"我的人生完全操之在我"为重要前提,萌生出信念或感受,我们就会逐渐在人生的各个不同场合感受到"我是自由的"。

这里重要的不是追求"自由"的存在,而是感受自由的能力、知觉自由的能力、解释自由的能力。

所谓"自由",不是向未来去索求,而是依据有效后设无意识类型的组合,通过再评价、再诠释过去而获得的。

也就是说,所谓"自由"并不存在于未来,而是存在于过去。

◉ 重新定义"爱"

很多人会以"希望被爱"为前提,把爱定义成他人给予自己的感情。

坚信爱需要忍耐的人不在少数。当后设无意识成为这样的容器时,就会坚信爱与被爱都一定要配合对方才行,久而久之,忍耐的界限就会转化为关系的裂痕。

以前我曾遇到过一位希望交到男友的女性,我问她:"对你而言,恋爱应该是什么样的感觉呢?"结果她的回答如下:

"他会每天给我短信或电话。"

"他会每天说喜欢我,他很爱我。"

"生日及纪念日会送我礼物。"

"不会束缚我。"

于是我对她说:

"我知道你为什么交不到男朋友了,原因全来自问题回避。"

因为这个女孩对自己是否被爱感到不安,所以衍生出"男友应该打电话或发短信给自己、应该表示我爱你"的前提,还有纪念日应该获得礼物的前提,因为如果对方没这么做,她就无法知道自己是否被爱。

"不想被束缚"正是出于想回避问题,而使自己陷入了双重束缚的状态——"想交男朋友、想要被爱"等同于"有着想要回避的事物"。

说到她究竟想要的是什么,其实是因为大脑中的潜意识无论如何都想避免回想起讨厌的事情。明明应该对行动踩下刹车,却勉强去交男朋友,以致中途忍耐超出极限而只得以分手收场。

因此,我要她把焦点放在未来,重新定义什么是爱,思考"为何要交男朋友""为何要建立伴侣关系"。

在多数情况下，都是因为"自己从未被爱"的记忆，以致产生问题回避的状况，这时就要思考有效的后设无意识类型结构，重写过去记忆，然后重新定义"所谓的爱应该是这样的，所以我需要男朋友"。

这么一来，背景（装入现实的容器形状＝后设无意识的组成）就会改变，周围人的反应也会自动跟着改变。然后，再思考下一次要如何找到男友，如何打动对方的策略就可以了。

◉ "幸福"与"成功"的关系

"对你而言，所谓的幸福状态是什么样子的呢？"

世界上有太多的人无法回答这个问题。

当缺乏幸福的具体形状时，大脑就会不知所措，"虽然说想要幸福，但幸福是什么呢"？以致不知道该把什么东西化为现实。

所以，你有必要告诉大脑，对你而言什么是具体的幸福意象，只有让幸福的具体形状呈现在眼前，大脑才会意识到"既然有必要，不搜集不行呢"，然后才开始驱使身体展开行动。

美国某所大学曾经以全美创业成功的六十岁以上的资本家

为对象进行问卷调查。问题很简单:"你幸福吗?"

结果,83% 的人回答:"不幸福。" 在世人眼中很成功、很幸福的他们,自己却不这么认为。

究竟发生了什么事呢?需再进一步追踪调查的结果。

原来他们有着**凭借胜负原则而行动**的背景。"因为我比那家伙××,所以是我赢了",基于必定与某个人比较的标准,就会形成后设程序的他人标准型。而且,当赢过对方之际,他们会担心不知何时会落败;而当输给较劲的对象时,却又嫉妒赢了的人。

结果就变成,无论是输是赢,他们都觉得自己并不幸福。

更进一步追踪调查这些主观认为自己不幸福的资本家,人们发现,在他们不幸福的背景中,存在**"自己并没有真正想做的事情"**的主因。他们一般认为事情都能够顺利进行,实际上付诸行动后也真的成功了,但结果却没有任何一件是自己真正想做的事,他们甚至觉得这可能是对自己的惩罚。

这个调查令我想起**龟兔赛跑的故事**。

兔子的目的是想赢过乌龟,可以取笑它,却因为"就算我睡个大头觉,照样可以赢过乌龟"的想法,不慎睡过头而输给乌龟。相比之下,乌龟不管胜负,单纯以到达终点为目的。我觉得这个故事隐约告诉我们一个道理。

"我赢了那家伙"未必代表成功。如果是商务人士,也有必要以自我标准重新定义什么才是成功,不是吗?

02 "时间就是金钱"的真意

俗话说:"时间就是金钱。"

多数人大概都会解释成"时间就像金钱一样重要"吧?过去我也曾这么认为。

然而,在采访过亿万富翁后,我才发现,**成功者的定义和我们普通人不同。**

这个定义一旦出现偏差,财富就不会到来。

◉ 时空化为金钱的机关

从二十多岁开始,我经常访问成功的创业人士。

其中有好几个人原本处于贫困状态,当他们察觉到某个观念并开始执行后,他们个人年收入在五年间突破了一亿日元。

我在采访过这些亿万富翁之后，才了解到"时间就是金钱"的真正意义。

其中有个人是这么说的。

我以前总是等不及下一个发薪日，每当发薪时，交完房租、汽车贷款、约会的费用，薪水就见底了，所以又着急等待下个月的发薪日。

因此，我突然想到：**该不会就是因为我总在盼着下个月的发薪日，所以才会只得到一个月的薪水吧？**我的注意力一直只关注在一个月后的事情上。

于是我开始思考：既然这样，如果我把注意力放在更遥远的未来，会怎么样呢？

接着我又思考，如果时间是纵轴，那么扩展的横轴则是"我究竟是什么样的人"。究竟是"我是个没用的人"这么小的容器，又或是"我是个出色的人"的大容器呢？与其以小小的容器思考十年、二十年后的事情，不如试着使用大一点的容器，看看会有什么结果。

"以时间为纵轴，以'我究竟是什么样的人'为横轴，扩展让意识飞跃的时空。持续扩展'我是这样的人'的自我意象，十年后会变成什么样？二十年后会变成什么样？加以想象后，钱就源源不断地进来了。"

事实上，使用这个做法实现个人年收入突破一亿日元的不止一个人，而且，突破一亿日元年收入所花的时间平均是五年。

我很确信一件事：

"他们一定是掌握住了'时间就是金钱'的真正意义。"

我想他们察觉到的真相是：扩展自己的意识，你将获得与扩展的时空大小成比例的金钱，把时间化为金钱（时间就是金钱）。

十年后、二十年后、三十年后，你自己想要变成什么样子，就以这样的方式去行动——依循着自己的生存目的。"为了这个生存目的，大概需要这么多金额的钱"，当你这么决定后，大脑开始行动，"了解！那就来搜集吧"，于是，钱就开始进来了。

图 18 "时间就是金钱"真正的意义

然后，接受我心智训练的人士，也开始陆续出现年收入一亿日元的成功者。

◉ 把意识空间扩展到五十年后的孙正义

这是几年前，我与某位拥有部分上市公司股份的 CEO 碰面的事情。那一位 CEO 告诉我，在与我见面的几天前，他曾与软银的孙正义有如下的谈话。我当时听了不禁肃然起敬。

孙正义当时谈到了能源问题。

为了解决能源问题，他具体且详尽地说明了商业策略，"这个要这么处理……接着这么进行，然后以这个方式处置……"。因为他的说明太过于详细，于是那位 CEO 便问道："这是预计明年要进行的吗？"

结果孙正义回答：

"不，是五十年后。"

我还记得那位 CEO 微微苦笑着说："孙正义先生对于五十年后的事情竟然谈得如此详尽，你有什么看法呢？"

果然，在社会中表现杰出的人们，让我们了解到他们是如何擅长扩大自己的意识时空的。

你希望在十年后、二十年后、三十年后，有什么样的活跃表现？

你希望那时候的你有什么程度的收入？

为何希望处在那样的状态？

你能明确想象出来吗？

在把这样的意识、意象扩展为更大的时空之际，请你运用前文介绍的十四种成功脑类型，调整后设无意识组合下的自己，就能更有效地扩展出更长远、更广阔的时空。

03 让收入翻倍的魔法：反向利用界限设定

◉ 利用无意识，如愿提高年收入的方法

在访问的过程中，当我问到那些在五年内从极贫状态跃升至年收入超一亿日元的人时，曾有一段这样的对话。

"梯谷老弟，你会先决定年收入不要超过某个限度吗？"
"不，我不会定这个界限耶，收入不是越多越好吗？"
"哎呀，你这样是赚不了大钱的哟。"
"咦？为什么呢？"
"我以前也是穷光蛋，和多数人一样，对于想要多少钱也没什么概念。不过，后来我觉得这样有点奇怪。"
"喔……怎么说呢？"
"一开始我先对自己说：'年收入五百万以上，我就不要

了。'然后当赚到四百万左右时，我又对自己说：'年收入一千万以上，我就不要了。'然后当赚到八百万左右时，我又说：'三千万以上，我就不要了。'我一直念着多少钱以上我就不要了，不断扩大财富界限，从而达到今天的状况。"

"……这是从什么地方得知的道理呢？"

"希腊哲学唷！"

我所采访的亿万富翁们有一个共通点，就是大家都对希腊哲学相当感兴趣。在贫困的状态下，虽然没有钱，却有很多时间，于是他们便长时间泡在图书馆，在一再研读希腊哲学的过程中，有了这些体悟。

◉ 重点① 达到界限的八成时，就再次扩展界限

对自我的喊话，有三个重点。

首先要注意的第一个重点，是当目标值达到八成左右时，就应该稍微再扩展一下界限。

接近界限时，人等于踏进未知的世界，就如同人对死后的世界未知所以会对死亡感到恐惧一般；当人接近目标界限时，就会下意识地感到恐惧。

当人认为个人年收入一千万日元是界限时，一旦突破了一千万日元，人们对于突破之后会发生什么未知的事感到不安，便会踩住刹车，避免自己更接近界限。

"只要扩展界限不就好了"，就是因此而生的策略。

界限一词很容易让人认为是负面的事物，但亿万富翁则有着"界限，应当是可以加以运用的吧"的前提。一点一点扩大框架，有朝一日，一千万日元的界限就是一个路过的路标。

◉ 重点② 只要一想到，就对自己精神喊话

第二个重点，就是只要一想到，就对自己精神喊话。

人们平时总是在不自觉中莫名地对自己念叨着，"我有金钱上的焦虑""来不及交货"等，而且像这样的内在对话，据说人们在一天中不自觉地会进行五万次以上。**像这样的内在对话，使得后设无意识在不知不觉中被强化。既然这样，何不养成符合目的的后设无意识，这不是更好吗？**

◉ 重点③ 使用"××××以上,我就不要了"的语言

第三个重点是使用"××××以上,我就不要了"的语言,而不要说"我想要××××"。

问题在于,后设程序是未来愿望型还是未来否定型。

"想要一千万日元"是未来愿望型,这和"要是能中奖就好了"一样都属于被动的愿望。这时候大脑的思维就会是"既然这样,那我只要等待就行了,在这之前我睡午觉就好了,有心要做时,我再来帮忙,到时候再唤醒我",因此不会对身体发出指令。

相对地,如果对身体发出的要求是"一千万日元以上我不要",大脑的思考前提就变成"这也就是说,需要将近一千万日元对吧",这个前提是后设无意识。接着,我们需要告诉大脑,为什么需要一千万日元。

只靠愿望,大脑不会采取任何行动。要有必要性,大脑才会打算行动。所以,"要是能中一千万日元的奖金就好了"很难实现,但若是有必要性和急迫性,"这个月不筹到一千万日元,公司会倒闭",这么一来,就算向银行、亲戚借钱,也会设法筹出一千万日元。要让大脑感受到必要性而指示身体采取行动。

图 19 让年收入如预期一样倍增的设计

自己:"一千万日元以上,我就不要了。"

大脑:"意思是说,需要将近一千万日元对吧。"

自己:"我告诉你需要一千万日元的原因。要飞往世界各地,我需要这么多费用……"

大脑:"为了这个目的,所以有需要对吧?要是没有就糟了。那就先搜集情报吧。这个人有很好的人脉,我们请他牵一下线。"

以无意识进行这样的对话,然后只要达到目标的八成左右,就迅速地提高界限,让原本的界限成为通过点。

 # 04 正念疗法的盲点

语言和身体之间有因果关系，如果我们说言语会直接影响身体健康也不为过。

保持什么样的饮食、运动习惯的确很重要，但与"语言对事物进行定义而改变大脑运作方式"的影响力，则无法相比。

然而，这却是多数人很难注意到的重点。

我在与病患的研讨会上，请他们向我介绍他们所过的日常生活。患者中练习正念疗法或瑜伽的人数相当多，这让我留下正念疗法和瑜伽似乎正在流行的印象。

◉ 很多练习正念疗法或瑜伽的人得重病的原因

所谓正念疗法，是抱着"把焦点放在当下""只有此时此刻

这个瞬间"的态度。在许多人被记忆、情感耍得团团转的现代社会，我想正念疗法应该非常有效。

然而，练习对身体有益的正念疗法或瑜伽，为什么还会生病呢？我觉得非常不可思议。因此，我开始进一步探究，并发现了一件事情。

"对于'现在'所下的定义有偏差。"

在进行冥想或瑜伽时，过去发生的许多事情会在记忆中苏醒，当时很生气、很悲伤……然而，正念疗法要求"请把焦点放在当下"，所以你就告诉自己"那些事情都过去了，不是现在的事，忘了吧"，试图掩盖过去。

但是这个记忆的苏醒，对于大脑来说就是"现在发生的事"，因此只会以"现在发生的事"来处理。

难得体内的"希望能处理未完结的记忆"浮到意识表层，却以"事情都过去了，又不是现在的事，管它干吗"而被大脑不断排除，因此使大脑判断"似乎没注意到我发出的信息？既然这样，我只好发出更强烈的信号来通知主人了"，因而导致生病。

把焦点放在"当下"，当然是一件极为重要的事，但是很多指导人们进行正念疗法的人，似乎都弄错了"当下"的定义。

现在苏醒的关于过去的记忆,对大脑而言就是"现在发生的事"。

因此,我主张"**不要逃避苏醒的记忆,该处理就要处理**",即使不是当下立即处理也没关系。"很抱歉,我没察觉到,目前的冥想结束后,我就会处理,等一下喔",先暂时搁在一边,稍后再检视即可。

 ## 05 抑郁症也有可能更快痊愈

日本的自杀死亡率,在全世界的七个先进国家中排行第一;尤其是二十岁以上到四十岁以下这个年龄段,根据调查结果显示,自杀高居死亡原因的第一名。在近年的研究中专家发现,心理方面的疾病和自杀有着密切的关系,并呼吁日本应当给予人民在心理健康方面的支持。

尤其是抑郁症,和自杀有更加深切的关联。

● 抑郁症的病因其实很单纯

虽然人们一般都认为抑郁症的成因仍然成谜,但从后设无意识来解析,原因则非常明确。

抑郁症源自"被隐藏的愤怒""无从发泄的愤怒"。

如果人们能把这样的愤怒说出口，就不会得抑郁症；正是因为无法说出口，所以通过身体表现出来就形成了抑郁症。常见的是不认同公司方针，却不得不遵从。"公司的方针难道不是太荒谬了吗？"当员工顶撞中层管理者时，愤怒无从发泄，因而容易导致抑郁症。

然而，从后设无意识来看，抑郁症其实很单纯。

抑郁症患者原本就陷入"这个世上总是事与愿违，靠我自己无法改变任何事"的悲观标准型；又习惯把焦点放在过去，形成体验标准型；同时，也属于"自己受到无形的××胁迫"的归咎他人型。

要了解抑郁症，首先必须找到隐藏的愤怒，然后引导对方说出来。可以单刀直入地让其直接表现出来，也可以旁敲侧击，总之设法让对方说出来。

抑郁症患者带着由愤怒形成的记忆，结果以不愉快的形式留存于脑海，最终受到伤害。因此，我们可以重写记忆，告诉大脑"其实是这样的记忆"，这么一来，原本的愤怒就不再有存在的必要，后设无意识产生改变，抑郁也就轻易地烟消云散了。

◉ 通过探究身体来消除抑郁症的方法

通过探究身体来消除抑郁症，也是一个可行的方法。

大脑会因为看到身体的行动，来决定"自己究竟是个什么样的人"。

患有抑郁症的人总是表现出缩着肩、垂头丧气的样子，所以大脑也会认为"我现在很沮丧，所以我必须对其他部位发出指令，叫它们不要动"。

所以，试着在好天气的时候，在公园里坐下来，打开肩膀，仰起头，张开嘴巴，进行日光浴。

抗抑郁剂是促进分泌多巴胺及血清素的药物，但是只要打开肩膀，仰起头，张开嘴巴，单纯地接受日光浴，身体就能自然地分泌大量多巴胺及血清素。

当借由服药来促进分泌多巴胺及血清素时，大脑就会认为"既然外界会提供，我就没必要再分泌了吧"，导致患者可能要花很多时间才能康复。若是能采用日光浴的方式，或许抑郁症就会更快痊愈吧。

06 把健康的前提变成现实

◉ 潜意识会老实地遵从"前提"与"定义"

有很多食用营养品和健康食材的人,却照样生病了,为什么?

这里面有一个陷阱。

"为了健康"而食用营养品和健康食材,等于认同"我并不健康"的前提。

并不是说营养品或健康食材不好,只是定义错了。

为了挣脱这个陷阱,要使用"更加""进而"等扩展语义的词汇。"要更加健康""要更有活力",为了这个目的而服用营养保健品、摄取健康食材。若是给予这样的定义,前提就转变成"现在已经是健康状态了"。

前提会变成现实。

使用扩展性的词汇,就能把健康的前提变成现实。

这道理放在商业或金钱方面也适用。

如果你的目的是"想要金钱",潜意识采取的行动就会是"把'现在没钱'变成现实,就可以了对吧"。所以,你需要的其实是**"要赚更多钱""要拥有更多钱"**等扩展性的词汇。

◉ 提倡养生饮食反而罹癌的潜意识?

由于前提会变成现实,所以如果轻率地追赶健康热潮,有时反而会陷入恶性循环,这一点千万要注意。

有不少倡导节制糖类摄取及采取长寿饮食的老师,也得了癌症。这种情况时常发生在"饮食限制是坏事"的前提下。

有人认为糖分是癌细胞的营养来源,盲目限制糖分摄取,结果造成自我谴责,"我不能惯坏自己,无法对自己严格,我真没用",甚至影响人际关系。

因此,暂时停止糖分限制,身体反而变得更健康的案例也不少。

其实人体确实没必要摄取过多的糖分,但也不应该毫无底线地限制,所以不要摄取过度反而更重要。

07 你吃的是食物，还是食物的相关信息？

某次在新年期间看电视时，我看到一个艺人等级评定的节目。

其中有个单元，是要艺人在戴上眼罩的情况下，品尝宫崎县的冠军牛高级牛肉和超市贩卖的澳洲牛肉烹调成的牛排，并请艺人猜出哪边才是宫崎县的高级牛肉。

当时的节目来宾是石田纯一，他发出豪语说："我平常习惯吃的就是高级牛肉，不可能分不清高级牛肉和超市买来的澳洲牛肉。"但实际上，他确实把澳洲牛肉和高级牛肉搞错了，把电视观众逗得很开心。

也就是说，与其说人们吃的是食物，不如说只是单纯吃进了对食物的想象。因为是宫崎县的高级牛肉，所以应该很好吃，吃着高级牛肉的自己也很了不起。因为这样的想象，所以才会品尝不出真正的味道。

据说有一种仪器可以测出食物是否适合自己。过去我认识的一个人曾说："我虽然喜欢吃猪肉，但是根据仪器检测的结果，我并不适合吃猪肉。"

"请问你对猪肉有什么样的印象呢？"
"在肉品当中比较廉价的印象。"
"原来如此。童年时，你对猪肉有什么样的印象呢？"
"其实我在童年时，曾被男生欺负，他骂我是'猪'。"
"所以才会不适合你的身体。"

因为猪肉很便宜，自己又被骂成猪，所以在她的内心里，猪就等于是废物的代名词。

因此，吃猪肉在她的潜意识中就被诠释为自己也是废物。

但她又喜欢吃猪肉。

换句话说，不是猪肉不好，而是她在潜意识里认为自己就是个没用的人；为了要把自己评定为没用的人，所以吃着附带废物意象的食物。

当事人完全就是在吃食物附带的信息。

08 小心衣服与化妆品带来的前提信息

　　有一位来参加我研讨会的三十多岁的女性，多年以来因为异位性皮炎而饱受困扰。在某次研习的练习中，我向她提问："身为女性，你希望怎么活下去？"对她来说，过去似乎不曾有过"身为女性"的想象。

　　两星期后，又到了研讨会的日子。结果之前一直穿着朴素的她，突然穿着印花的喇叭裙洋装前来。

　　"研讨会结束后要参加派对吗？"
　　"没有。"
　　"但今天你的打扮风格和以往全然不一样。"
　　"先不管衣服，你看看我这里。"

　　她伸出手给我看。我发现，不仅手臂，连她脸上的皮肤也变得漂漂亮亮。以往她为了掩盖皮肤的状况，只穿朴素的长袖服装，但现在她已经能穿女性化的无袖洋装了。

"发生什么事了吗？"我好奇地询问。

"过去，不论衣服、化妆品或药物，我总是以对皮肤好不好的标准来看。上一次因为你向我提问，身为女性想要怎样活下去，促使我重新思考，无关乎对皮肤好不好，而是以身为女性的我想要穿着什么样的服装为标准重新选择。结果，我丢掉了八成左右的衣服，重新购买，那些都是以往我认为对皮肤不好而完全不会考虑的服装。但是我现在无所谓了，**我想要以身为女性如何活下去的观点来思考，结果就变成现在这样了。**"

她穿上的简直就是信息。使用对皮肤好不好的穿衣标准，结果反而产生了"我的皮肤很差"的前提。当她拿出新的标准，思考身为女性要如何活着、想要穿着什么样的衣服时，皮肤就变漂亮了，前提也完全转变了。

 ## 09 想象你就是成功者,改变穿着和经常光顾的店铺

把"你穿的是信息"的状况换到商务人士那里,一旦你确定十年、二十年后想要变成的样子,现在的选择就会改变,不是吗?

若只是单纯赚取生活费用,或许不需要特别讲究穿着的服装或经常光顾的店铺。

不过,若是有更大的人生目的,举个简单的例子来说,若志向是"想要扩展到海外""希望能和这些厉害的人交手",那么,穿着服装、来往对象、聊天内容、平常出入的店铺等,也要随志向调整,现实也就能够成功地产生变化。

◉ 任何人都会得到符合价值观的收入

以前曾有个社会心理学的实验。

实验中把五个不同月收入、不同职业的人集合在一起,让他们共同生活半年左右。

结果在这半年间,这几个人的职业与月收入都变得很相近。

这个实验有趣的地方在于其后续的发展。

在这五人之中,抽选其中一个人,和其他四个新室友重新开始为期半年的共同生活,而这四个人的月收入都是他的三倍。结果他们的月收入再度达到相近的程度,这个一开始就参加实验的人在半年间月收入提高了三倍。

他的月收入提高了三倍,相当于他对收入的**价值观提高了三倍**。由于和其他人共同生活,自然而然与其他人形成相近的价值观,收入也会随之提升以符合价值观。

◉ 向成功者的价值观取经最简单的方法

瑞可利公司的创办人江副浩正,当他还是大学生时,一般人都在居酒屋喝酒,他则存下打工费用,出入赤坂的高级俱乐部。

当他看到"这个人应该是社长"的人士,就立即找机会接近对方,问对方:"我将来想自主创业,能否请您告诉我,您是以什么样的方式创业的呢?"于是那些社长宛如看到年轻时的自己一般,很愿意告诉他自身的经验。

江副浩正的做法就是向成功者的价值观取经。

他以这个方式创办了瑞可利公司。

刚创业时的我,看了江副浩正的书后,心想:"原来如此,原来改变经常出入的店铺比较好。"

平时我和朋友喝酒,顶多是去便宜的连锁居酒屋。因此,我调查了一下高级的日本料理店,然后去了青山的一家店,忐忑不安地在吧台坐了下来,打开菜单一看,没写价格。于是我问店里的人:"为什么不写价格呢?"他们的回答是:

"因为希望顾客能毫无顾虑地享用食物。"

的确,我平时都会以价格来选择餐食,但来到这个地方的人并不看价格,而是吃想吃的、喝想喝的。于是,我学习到以这个单纯的标准来选择食物。

● 学习成功者无意识的语言模式及价值观

三十年前，对于一个人均消费一万日元的店铺，我能够去消费的次数不是很多，但就像江副浩正说的，经常出入这样的店铺比较好，所以我有机会总去转转。

因为是单独前往，所以我总是坐在吧台的位置。一次在和隔壁座位的人若无其事地交谈之后，我得知对方是东大的教授，也是上市公司的董事。通过交谈我了解到他平时是以什么样的观点判断事物的，做事情的标准以及思考方式是怎样的。

这样的经验，使我了解了很多事情。

内在使用的无意识语言类型，平时难以出现在大脑表层，需加以确认，才能发现原来是"以这样的前提在行动"。

我以前一直认为语言类型相似的人，行动模式也很类似，所以很想知道能够心想事成的人都使用什么样的语言类型。

当我开始模仿以后，事情果真就如我所愿般顺利。我把这套方法系统化，加以定义，为类型命名，所以现在能在这里与各位分享。

或许你认为只能用便宜的东西是无可奈何之举。

然而，这就等于重复地告诉你自己"以便宜的东西来解决，代表我是廉价的人，自己没有获得好东西的价值"。

若改成"若是有这样的生存目的,即使现在还赶不上,但也应该穿这样的服装、出入这样的店铺吧",遇到的人就会和以往不同,也会慢慢形成崭新层级人士的价值观,与优秀的人并驾齐驱。

当层级发生变化,人闯入不习惯的环境中,感到紧张是必然的,但可以一点一点地改变。

这样的机会,没有过早或过晚的问题。

任何人都可以在任何时候,依循自己的生存目的,弹性地改变选择。现在从这个瞬间起,你就能如愿走向自己渴望的人生。

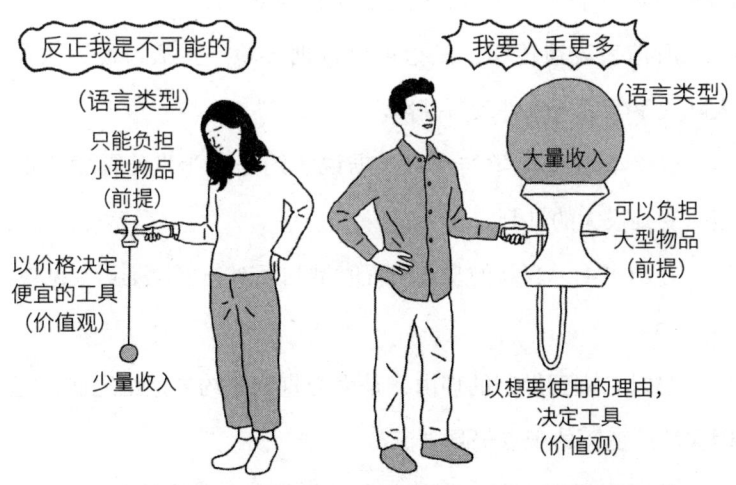

图20 通过成功者的无意识类型来学习

无意识制胜,任何人都能使用的心理武器

2011年,《表观遗传学》(*Epigenetics: The Ultimate Mystery of Inheritance*)在日本出版,引起极大的反响。

所谓表观遗传学,是指可以依据环境、生活习惯、饮食、人际关系等后天条件改写基因。

这个表观遗传学的观点,据说大约是在半世纪前发表的,当时受到极大的批判。

在历史上,当新的观点出现时遭到反对,可说是司空见惯。

当时它遭到批判的理由,是因为直到大约半世纪之前,"基因无法改变"的观点仍是主流。

基因为了求生存,有着"自我复制"的生命终极目标,没

有改变任何信息，直接从父母传承给子女。然而，生物对于环境的适应，有其生存策略，所以会发生基因突变，子女承袭了新的基因，开始一点一点地改变。

但表观遗传学的观点有所不同。

基因虽然是从父母那里承继下来的，适应环境、习惯，但基因有的部分会启动，有的部分则处于关闭状态。

也就是说，基因以后天条件写入信息，成为新的基因，然后以当下最适合的状态启动。

据说，现在表观遗传学在基因学中也是备受注目的分野。

基因会因为环境而被改写。
以我的话来说，就是基因可以因不同的文化和规则而改写。

目前，我为了尝试解决社会问题，提出了"以语言治疗疾病"的课题。这是在我担任顾问和心智教练的工作中，和患病、客户及工作人员在咨询时发展而来的。其背景除了表观遗传学、基因学，还有很多从脑科学、心理学、心理技巧学习而来的内容。

"根据后天条件，基因会改写信息。"
"例如，如果癌症基因被活化，是对周围环境做出反应的结果,那么切换癌症基因活化开关的关键,应该在于内在环境如何解读世界及人生。"

"其中有着什么无意识层级的策略吧,如果能了解,就应该能把开关切换到关闭状态。"

语言及身体,还有健康与事业的成功,我确信它们之间相互影响。

但是,我不太清楚医学、生理学方面的构造。

在我的研究及尝试中,东京大学研究所的某位研究人员因为与我有所共鸣,开始了相关研究,欲佐证我的想法。而我恳切希望明了个中究竟,于是出资给予协助。

在过去,公立大学的研究都是由政府或企业提供研究资金的。因为进行的是特殊基因研究,研究用的白老鼠一只费用甚至超出十万日元,研究耗费高昂,而且研究成果究竟会运用在什么地方,一般人也是难以看到的。

不知今后学术研究的资助是否会采取开放的形式,如同募资平台般,只要有人认为"这个研究似乎很有意思",即使小额资金也能捐款赞助,同时研究结果也能给其反馈。

我采取的行动只是抛砖引玉。

现在,整个世界正发生巨大的转变。

人类不断拥有许多发现与发明。不光是科学，商业、体育……所有领域都有新的成果。人工智能也好，体育界不断刷新的纪录也好，不局限于框架，全力挑战人类过去认为不可能的事，我们的梦想都将一一实现。

你要让大脑学习到什么程度？

这将影响到金钱、健康，甚至人际关系，一切都能如你所愿。这是因为，人类凭借内在环境，甚至连自身的基因都能切换开、关模式。

你是要继续抱着"光凭自己，什么也无法改变"的想法，还是"就算只有自己一个人，也能兴致勃勃地挑战，创造变化"的信念？

要用什么样的大脑活下去是你的自由。

不过，若是你希望活得更有乐趣、更善于挑战变化，请你大可使用我的点子，相信它一定能成为你的助力。

最后感谢你阅读本书。

衷心期盼你的后设无意识能够产生改变，实现如愿以偿的人生。

梯谷幸司